KB263352

그게
정확히
무슨
말인가요?

고수는
정확히 알고 말하고
하수는
모르면서 말한다

그게 정확히 무슨 말인가요?

한근태 지음

클라우드나인
CLOUD 9

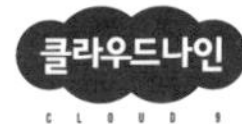

서문

당신이 매일 쓰는 말들, 정확히 무슨 뜻입니까?

승무원을 하다 회사를 그만두고 제2의 삶을 사는 사람을 만났다. 아이 교육 때문에 대치동으로 이사를 왔고 이 일 저 일 시도를 하면서 나름 열심히 살고 있다. 하지만 뜻대로 세상일이 풀리지 않는다며 답답해한다. 남편도 언제 그만둘지 몰라 미국 이민까지 생각하고 있다고 한다. 나처럼 하고 싶은 일을 하면서 살고 싶어 하는데 당장은 그게 어려우니 이러지도 저러지도 못하면서 시간을 보내고 있다. 나는 뾰족이 할 말이 없었는데 그러면서 그 당시 난 어땠는지 생각해봤다. 한 마디로 난 그녀보다 훨씬 안 좋았다. 앞이 보이지 않았다. 새롭게 커리어를 바꿨지만 돈이 되지 않아 이대로 길바닥에 주저앉는 건 아닌지 걱정이 태산 같았다.

그녀는 나처럼 하고 싶은 일을 하면서 살고 싶다고 했지만 당시의 난 생계를 걱정할 수밖에 없었다. 그래서 "지금은 힘들어도 앞으로는 괜찮아질 테니 아무 걱정하지 말라"고 격려했다. "세상에서 가장 힘든 일은 굶어 죽는 일인데 절대 그런 일은 일어나지 않는다. 당신 부부처럼 유능하고 열심히 사는 사람이 굶어 죽는다면 해외 토픽감이다."라고 위로했다. 비슷한 시기에 비슷한 고민을 했던 나로서는 진심으로 한 말이다.

집에 오는 길에 나도 모르게 40대는 어떤 나이일까 생각하게 됐다. 내가 생각하는 마흔은 이렇다. "독립을 선언하는 나이. 그동안 나에게 주어진 모든 것들과 헤어지는 나이. 더 이상의 핑계가 통하지 않는 나이. 공짜로 주어진 것들에 대한 자랑을 멈춰야 하는 나이. 안정의 시기 같지만 사실은 또 다른 질풍노도의 시기. 육아, 배우자, 부모 등 짐이 가장 무거운 나이. 갈 길은 멀지만 아직 미래가 뚜렷하지 않은 나이. 지금의 결정이 노후에 가장 영향을 많이 끼치는 나이. 지금부터는 내가 결정하고 결정한 것에 대한 결과를 오로지 내가 책임져야 하는 나이." 한 마디로 40대는 가장 힘든 나이다.

그렇다면 쉰이란 나이는 어떤 나이일까? 난 이렇게 정의했다. "청년을 지나 노년으로 가는 나이, 인생의 반환점을 도는 나이. 쉽사리 그만둘 수도 시작할 수도 없는 어정쩡한 나이. 오십견이 오는 나이. 지난 50년을 뒤돌아보고 앞으로의 50년을 계획해야 하는 나이. 하늘의 뜻보다 자신이 어떤 사람인지 발견하고 본인 뜻대로 살아야 하는 나이. 남이 만든 길 대신 내가 새롭게 길을 만들어 그 길을 걸어야 하는 나이. 그래서 흔들릴 수밖에 없는 나이. 성공보다는 성장에 신경을 써야 하는 나이. 몸의 근력을 키워 갱년기를 극복해야 하는 나이. 본격적으로 노후 준비를 해야 하는 나이. 더 이상 하려고 하던 일, 하고 싶은 일을 미룰 수 없는 나이. 그동안 뿌렸던 씨앗에 대한 결실을 조금씩 거둘 수 있는 나이. 조금씩 앞이 보이는 나이. 변화를 줄 수 있는 마지막 기회의 나이"다. 물론 개인적인 의견이다.

기질적으로 추상적이고 애매모호하고 중후장대한 얘기를 싫어한다. 관념적인 얘기를 들으면 꼭 그게 정확히 무슨 말인지 묻는데 제대로 된 답변을 들은 기억이 거의 없다. 말하는 사람조차 자신이 무슨 말을 하는지 모르기 때문에 벌어지는 일이다. 말하는 사람이 무슨 말인지 모르는데 듣는 사람은 오죽하겠는가? 그럼 힘이 모이지 않는다. 힘을 모으기 위해서는 목표와 방향성이 명확해야 하고 그것의 출발점은 언어다. 언어로 먼저 생각하고 그다음은 생각대로 행동하면 된다. 선은 명료함이고 악은 애매모호함인데 명료함의 출발점은 정확히 그게 무슨 말인지 자기만의 재정의를 내리는 것이다. 내가 생각하는 어른은 자기만의 언어를 가진 사람이다. 다양한 말에 대한 자기 의견이 명확한 사람이다.

우리가 자주 쓰는 최선이란 말도 그렇다. 흔히 최선을 다했다, 다하겠다고 하는데 이상하게 신뢰가 가지 않는다. 그래서 최선이 무엇인지 물어보면 답을 못한다. 본인도 무슨 말인지 모르는 말을 왜 하는 것일까? 말하는 사람도 이해 못 하는 말을 듣는 사람이 알아서 이해하고 이를 행동으로 옮길 수 있다면 이게 바로 기적 아닐까? 개떡같이 말해도 찰떡같이 알아듣는 건 현실에는 존재하지 않는다. 내가 생각하는 최선은 다음과 같다. "매 순간 자기 능력이 허락하는 한 온전히 몰입하는 것이다. 결과보다는 과정에 몰입하는 것이다. 현실적인 자기인식을 바탕으로 성장과 지속가능성을 고려해 순간순간 온전히 몰입하는 태도와 행동을 말한다." 하루 반짝하고 열심히 죽기 살기로 일하고 다음 날 장렬히 전사하는 건 최선이 아니다. 최선의 전제조건은 지속가능이다. 그런 면에서 최선은 최적에 가깝다. 주어진 환경에 맞춰 적절하게 몰입하는 것이 최선이다. 물론 나만의 생각이다. 내가 말한 최선이 맘에 들지 않으면 여러분이 생각하는 최선을 한번 글로 써보라.

실력이란 말도 마찬가지다. 흔히 실력이 있다, 실력이 없다고 하는데 도대체 실력이 뭐냐는 것이다. 가장 흔한 건 학력이다. 실력 하면 학력을 연상한다. 좋은 학교를 나왔거나 전문가를 실력이 좋다고 생각한다. 틀린 경우가 너무 많다. 학력과 실력은 완전 다르다. 좋은 학교를 나왔다고 다 실력이 있는 건 아니다. 서울대학교를 나온 무능한 사람은 차고도 넘친다. 대학을 나오지 못했다고 무능한 것도 아니다. 가방끈은 짧지만 일가를 이룬 오너도 많다. 내가 생각하는 실력은 다음과 같다. "분위기를 파악해 현 상황을 객관적으로 파악하는 능력, 뭐가 문제이고 뭐가 현상인지 알아내고 일의 우선순위를 알아내는 능력, 내가 할 일과 남이 할 일을 구분해 자신이 할 건 자신이 하고 위임할 일은 적합한 사람을 찾아 그에게 과감하게 위임하는 능력, 지금 할 일과 나중에 할 일을 구분하는 능력, 모순처럼 보이는 일을 잘 처리하는 능력이다.

어려운 상대와도 쉽게 얘기를 주고받을 수 있는 것도 쉽게 친해지는 것도 실력이다. 마음 문을 열어 그가 하고 싶지 않았던 얘기를 끌어내는 것도 실력이다. 목표를 세우고 이를 달성하는 건 중요한 실력이다. 단기 목표를 추구하면서 동시에 장기 목표를 추구하는 것도 실력이다. 인간적이지만 동시에 냉정할 때는 냉정할 수 있는 것, 맺고 끊을 수 있는 것도 실력이다. 몰입할 때 몰입하고, 풀어질 때 풀어지고, 시간의 품질에 따라 적절히 일을 배치하는 것도 실력이다. 복잡해 보이는 콘텐츠의 맥락을 파악해 요점을 정리하고 말과 글을 통해 잘 전달하는 것도 실력이다. 적재적소에 필요한 제안과 코멘트와 답을 할 수 있는 것도 실력이다. 다양한 주제에 대해 자기만의 의견이 있는 것도 실력이다." 당신이 생각하는 실력은 무엇인가?

10년 만에 변화를 그렇게 갈구하던 지인을 만났다. 입만 열면 지겨운 봉급생활자를 그만두고 자기만의 사업을 하고 싶고, 그러기 위해 책을 쓰겠다고 호언장담했던 사람이다. 당연히 변화했을 것으로 생각해 근황을 물어보니 아무 변화가 없다. 같은 직장에서 같은 일을 하고 있는데 여전히 변화하고 싶다면서 10년 전 레퍼토리를 또다시 얘기한다. 몇 번 이직과 독립의 기회가 있었지만 급여가 맞지 않고 조건이 맞지 않아 아직 변화하지 못했다는 변명이다. 그렇게 변화를 갈망하던 사람이 아직 변화하지 못한 것도 놀랍고 아직 독립을 꿈꾸고 있다는 사실도 놀라웠다. 그가 변화를 못 한 이유 중 하나는 변화에 관한 재정의를 하지 못했기 때문이라고 생각한다. 내가 생각하는 변화의 재정의는 다음과 같다. "간절히 원하는 걸 얻기 위해 엄청난 고통을 감내하고 새로운 습관으로 만드는 것이다." 변화를 원한다고? 간절한가? 대부분 간절하지 않다. 변화하면 좋지만 하지 못해도 상관없다. 말로는 간절하다고 하지만 고통을 감내하고 싶지 않다. 봉급이 깎이는 건 참을 수 없다. 고통을 감내해도 그걸 습관으로 만들지 못한다. 이래저래 변화는 말로 끝나고 만다. 변화에 성공한 사람을 찾기 힘든 이유이다.

행복하게 살고 싶다고? 그럼 행복이 무엇인지 재정의해보라. 직원을 육성하고 싶다고? 육성이 무슨 의미인가? 공부하고 싶다고? 공부가 무엇인지 말로 풀어보라. 재정의가 중요하긴 하지만 정말 어려운 일이다. 하지만 그 어려운 재정의를 할 수 있어야 변화에 성공할 수 있고 소통에서도 우위를 점할 수 있다. 이 책이 그런 여러분에게 도움이 되길 바란다.

ㅇ • 135

가난

내가 생각하는 가난은 필요한 게 많은 상태다. 근데 그걸 할 시간이니 경제력이 없는 상태다. 예전에 정말 사고 싶은 것도 많고, 하고 싶은 것은 많고, 가고 싶은 것도 많았는데 지금은 아니다. 그런 면에서 지금의 난 부자는 아니지만 가난하지 않다. 충만하고 여유가 있다.

원고청탁은 청탁불문하고 받는 편이다. 새로운 주제 받으면 그때부터 주제를 공부하고 생각하면서 지평이 넓어지기 때문이다. 오래전 『좋은생각』이라는 잡지에 가난이란 주제로 원고를 써달라고 부탁받았다. 사실 낯선 주제다. 잘살지는 않았지만 그렇다고 크게 가난한 적이 없었기 때문이다. 그래서 문득 대기업 그만두고 경제적으로 어려웠던 몇 년간 얘기를 썼다.

대기업을 나와 몇 년간 경제적으로 힘든 시간을 보냈다. 퇴직금으로 융자금을 갚고 차도 없었고 최소한의 생활만 했다. 40세가 넘은 나이였지만 한 달 용돈은 5만 원에 불과했다. 회사와 집을 오가는 것 외에는 할 수 있는 일이 없었다. 옷을 사 입거나 외식 같은 건 꿈도 꿀 수 없었다. 처음에는 힘들었는데 시간이 지나면서 익숙해져서 별로 힘들지 않았다. 단순한 삶이 주는 기쁨도 있었다. 한번은 미국에서 온 친구가 밥을 산다면서 온 가족을 '베니건스'란 식당에 초대했다. 두 딸이 그렇게 기뻐할 수 없었다. 식당이 있는 신촌에서 일산 집까지 오는 내내 딸들은 그 집 음식이 얼마나 맛있었는지를 얘기했다. 그래도 좋은 일보다는 난처한 경우가 더 많았다. 한번은 아주 친한 후배가 부친상을 당했다는 소식을 들었다. 고등학교, 대학교, 대학원은 물론 직장까지 같은 후배라 부조를 많이 하고 싶었다. 하지만 도저히 여유가 없어 5만 원을 했는데 그 일로 며칠간 마음이 아팠다. 한번은 친한 친구가 집에 놀러 와서 같이 외식을 나갔는데 밥을 먹는 내내 외식비가 제법 나올 것이란 걱정에 맛난 식사를 즐길 수 없었다. 근데 나중에 보니 이 친구가 이미 지급을 끝낸 상태였다. 그때 배운 사실이 있다. 밥을 살 때는 그 사실을 미리 알려 먹는 사람의 마음을 평안하게 해야 한다는 것이다.

가난이란 무엇일까? 가난이 나쁘기만 할까? 그렇지 않다. 계속 부자인 것보다는 가난을 경험하면 돈의 소중함을 더 절감할 수 있다.

가난한 사람의 마음을 헤아릴 수 있어서 돈을 더 잘 쓸 수 있다. 그래서 생긴 나만의 비법을 공개한다. 축의금 같은 건 받는 사람이 기대했던 것보다 더 많이 하는 걸 목표로 한다. 가능한 한 밥을 살 때는 미리 얘기를 해서 기분 좋게 먹는다. '누가 밥값을 낼까?' 같은 고민은 사전에 없앤다. 경제적으로 어려운 일이 있는 사람을 만날 때는 현금이나 상품권을 준비한다. 식당에서 시중드는 사람에게는 가능한 한 팁을 준다. 지인과 함께 애가 오는 경우는 꼭 만 원이라도 용돈을 준다.

걱정 중 하나를 선택하라고 한다면 여러분은 어떤 걱정을 택할 건가? 난 돈 걱정을 택하고 싶다. 돈 걱정은 돈만 생기면 해결되기 때문이다. 지금 생각하면 가난했던 몇 년은 내겐 축복의 시간이었다.

가면 증후군

자신의 성공은 순전히 운으로 얻은 것이고 지금껏 사람들을 잘 속인 덕분에 여기까지 왔는데 '들통나면 어떻게 하지?'라고 생각하는 불안한 심리를 뜻한다. 스스로 가면을 쓴 사기꾼으로 생각하는 것이다. 자기를 의심하는 병이다. 영화배우 나탈리 포트만이 그렇다. 하버드대학교 심리학과 졸업 축사 연설 때 자신의 입학이 잘못된 건 아닌지 의심했다. 멍청한 여배우라는 사실을 들키지 않기 위해 어려운 수업만 들었다.

가족 벙커

골퍼에게 제일 난감한 상황은 벙커에 빠지는 것이다. 턱이 높은 벙커에 빠지면 그냥 한 타를 잃는다. 인생도 그렇다. 가족은 든든한 울타리가 되기도 하지만 때로는 내 발목을 잡는 벙커로도 작용한다. 박세리, 박수홍, 장윤정 등이 대표적이다. 그래서 일본의 어느 작가는 "가족이란 누가 보지만 않으면 내다 버리고 싶은 거대한 쓰레기 봉투"라고 했다. 가족 벙커에 빠진 사람들을 볼 때마다 난 '가족이란 무엇일까?' 생각한다.

가짜 노동

의미 없는 일이다. 별다른 결실을 보지 못하는 일이다. 바쁜 척하기, 노동과 유사한데 노동은 아닌 활동, 무의미한 업무다. 네 가지 유형이 있다. 빈둥거리기, 시간 늘리기, 일 늘리기, 일 꾸며내기 등이다. 빈둥거리기는 아무것도 하지 않는 것이다. 다음은 시간 늘리기다. 일하는 시간을 늘리고 일을 늘린다. 자신이 필요 없는 존재라는 사실을 감추기 위해 그렇게 한다. 온갖 쓸데없는 일을 벌이고 그런 일로 일과를 채운다.

일거리 늘리기는 교묘해서 눈치채기 어렵다. 필요와 상관없이 다른 회사에서 하니까 우리도 하는 일, 성과와 상관없는 일, 보여주기식의 일, 자리를 차지하는 데 도움 되는 일, 바빠 보이기 위한 무의미한 일들이다. 배보다 배꼽이 큰 경우에도 가짜 노동이 숨어 있다. 일하는 사람보다 이를 감시하고 통제하는 사람이 많을 때가 그렇다. 후원금을 원래 용도보다 인건비에 많이 쓰는 NGO라든지 학생 숫자는 주는데 선생이나 교육부의 인원은 느는 것에도 가짜 노동이 많다.

비전 만들기 같은 과시성 프로젝트도 가짜 노동일 가능성이 높다. 아무도 관심 없는 프로젝트에 엄청난 돈을 들이고 경영진이 바뀌면 모든 게 사라진다. 아무도 읽지 않는 논문을 쓰는 것도 가짜 노동이다. 매년 250만 편의 논문이 학술지에 게재되는데 그중 84%는 5년간 전혀 인용되지 않는다고 한다. 아무도 읽지 않는 논문을 쓰려고 그렇게 많은 시간을 쓰는 게 무슨 가치가 있을까? 데니스 뇌르마르크와 아네르스 포그 옌센의 공저 『가짜 노동』에 나오는 내용이다.

가짜 동기부여

무엇이든 할 수 있다고 속삭인다. 과정과 방법은 쏙 빼놓은 채 두

근거리는 느낌만 강조해서 현혹한다. 크게 성공한 사람 중에도 이같이 허황하고 달콤한 방식으로 가르치는 이들이 있다. 가짜 동기부여를 받으면 영화관이나 콘서트장에서 신나게 즐기고 돌아왔을 때처럼 기분이 좋다. 하지만 며칠 지나면 다시 일상이라는 쳇바퀴 속에서 무료함을 느낀다. 그들의 말을 듣고 보는 순간 가슴 뛰고 설레던 감각의 80% 이상이 사라진다. 작가이자 강사로 활동하는 브라이언 트레이시의 설명이다.

가치투자

"주식을 내재가치보다 저렴하게 매수하는 것이다." 워런 버핏의 말이다.

갈등

얻고 싶은 걸 얻으려 할 때 지급해야만 하는 최소한의 대가다. 지극히 합리적인 비용이다. 사회적 동물인 인간들 사이에 있을 수밖에 없는 일이고 생존을 위해 필요한 일이다. 당연히 갈등이 없기를 기대하면 안 된다. 갈등을 넘어서야 한다. 그게 싫으면 혼자 살거나 아무도 없는 자연인이 되는 수밖에 없다. 그게 당신이 원하는 삶인가?

감각

내가 무엇을 선택하고 선택하지 말아야 할지를 잘 가려내는 것이다. '무엇을 선택한다.'라는 건 '무엇을 선택하지 않는 것'과 같다. 세상에 원래 그런 건 없다. 빵 한 조각을 봐도 도시의 빌딩을 봐도 왜 그런지 끊임없이 물어야 한다. 본질로 돌아가는 것. 그게 바로 감각의 핵심이다. 상식으로 돌아가 내 기준에서 당연한 게 무엇인지 생각해보는 작업만 꾸준히 해도 충분히 남다를 수 있다.

정해진 관성에서 벗어나 원래 그런 것은 없다고 가정하고 사물을 바라보아야 한다. 감각적인 사람은 우리가 잊고 있던 본질을 다시금 떠올리는 사람이다. 본질에 대해 생각하는 사람이다. 잊고 있던 본질을 다시금 떠올리는 사람이다. 감각의 핵심은 본질로 돌아가는 것이다. 상식적으로 생각하는 사람이다. 디자이너이자 기업가인 조수용의 설명이다.

감각을 기르는 방법

10억짜리 볼펜 설계를 의뢰받았다고 가정해보자. 볼펜에 관한 공부를 할 것이다. 볼펜의 정의와 역사, 핵심기술, 가장 많이 팔린 볼펜, 가장 쓰기 좋은 볼펜 등등…… 이렇게 몇 달간 볼펜을 파고 파다 보면 어느새 볼펜 보는 눈이 생긴다. 감각의 시작은 마음가짐이다.

본질적인 질문을 던지고, 세상의 흐름을 알기 위해 끊임없이 공부하고, 사소한 일을 큰일처럼 대하는 마음가짐이 감각의 원천이다.

감각이 좋은 사람은 이 모든 행위를 공부가 아닌 일상으로 대한다. 대상을 탐색하는 게 바로 일상이다. 감각은 성실한 노력으로 성장시킬 수 있는 영역이다. 까칠한 것과 감각은 별 상관이 없다. 까칠한 건 그냥 까다로운 것이다. 감각은 기발한 아이디어가 아니다. 끊임없이 고민하고 공부하고 훈련해서 키워내는 것이다. 조수용의 저서 『일의 감각』에 나오는 내용이다.

감정

의사결정을 위한 나침반이다. 전두엽 손상을 입은 환자들은 이성적 사고와 기억력에는 문제가 없지만 감정을 동반한 의사결정에서는 극도의 어려움을 겪었다. 감정이 없다면 의사결정의 방향을 잃는다. 감정이 이성과 협력할 때 최적의 결정을 끌어낼 수 있다.

거룩

어원이 '분리'와 '구별'이다. 무리들과 떨어져 있어야 한다는 뜻이다. 그래야 남들과 다른 생각을 할 수 있다는 것이다. 무리의 생각은

'거룩'이라는 말과는 거리가 먼 법이다.

거사를 치르다

거사擧舍는 '들 거擧'와 '집 사舍'로 이루어진 말이다. '들고 다니는 집'이란 뜻이다. 연산군이 외출할 때 신하들이 이것을 들고 다니다 맘에 드는 여성이 있으면 그 안에서 섹스했다고 한다. 똑똑하던 그가 어떻게 이 지경까지 됐을까?

거슬린다

"화의 약한 단계를 뜻한다." 『가짜감정』의 저자 김용태가 한 말이다.

걱정

"준비되지 않은 무의식의 표현이다." 임소영 강사의 말이다.

"인생이란 기계를 고장 나게 하는 모래다." 위대한 선교사였던 스탠리 존스의 말이다.

건강저축법

노화는 하체부터 온다. 많이 움직여야 한다. 나이 먹으면 다리는 가늘어지고 엉덩이는 함몰되고 배는 불룩해진다. 관에 들어가기 전까지 걷기라도 매일 하는 게 당연한 소리지만 정말 중요한 건 건강저축법이다. 일단 걸을 수 있으면 내가 원하는 대로 내 의지대로 할 수 있다. 사람들은 건강 유지를 한다는 말을 쉽게 하면서도 건강을 저축한다는 생각은 잘 못한다. 매일 두 시간씩 운동하며 손흥민을 키워낸 손웅정의 생각이다. 재테크보다 근육 테크가 중요하다.

게으름

최소저항을 따르려는 인간의 본능.

겸손

'내 생각이 틀릴 수 있다는 가능성을 항상 열어두는 자세'다. 겸손하지 못한 사람은 늘 자신은 옳다고 생각한다. 자신의 실력을 과대평가하여 자랑하는 사람은 겸손하지 못한 사람이다. 진정 실력을 갖춘 사람이 자랑하면 밉지 않다. 자기 실력이나 역량을 있는 그대로 드러내 보였는데 그게 보기 싫다면 그건 질투나 열등감일 것이다.

고민

망설임이다.

고종명

고종명考終命은 고통 없이 후회 없이 잘 죽는 것이다. 장관과 국회
의원을 지냈던 민관식이 대표적이다. 그는 88세 때 오전에 테니스
를 치고, 와인을 곁들인 점심을 먹고, 낮잠을 자다가 조용히 갔다.
거의 신선급이다.

고통

성장의 기회다. 체육관에서 운동할 때 고통이 없다면 근육 성장
의 잠금 상태를 풀 만큼 충분히 노력하지 않고 있다는 뜻이다. 그래
서 나는 고통을 갈망했다.

"고통은 순간일 뿐 이 영화는 영원할 것이다. 기꺼이 그 대가를 치
를 각오만 되어 있다면 내 비전에 성큼 다가설 수 있으리라. 위대하
고 영원한 업적에는 희생이 뒤따르게 마련이다. 그것이 고통의 묘미
다. 고통은 일시적이라 영원히 짊어지고 갈 필요가 없으며 꿈을 좇
는 과정에서 진정 전력을 다하고 있는지를 알려준다. 만약 특별한

목표를 이루는 동안 아무 고통도, 대가도, 불편함도 겪지 않았다면 아직 최선을 다하지 않고 있다. 잠재력을 온전히 발휘하려면 반드시 희생이 뒤따른다. 고통은 희생의 척도일 뿐 아니라 성장의 지표이기도 하다.

나는 최고의 보디빌더가 되겠다는 꿈을 향해 15년간 매일 5시간씩 훈련에 매진했다. 미국에 건너온 후 훈련 강도를 한층 높이고 이중 분할 훈련법을 고안했다. 아침과 저녁으로 나눠 하루에 2시간 30분씩 전체 루틴을 두 차례 소화한 것이다. 훈련 파트너도 두 명이나 필요했다. 그렇게 하루에 두 번씩 전력투구할 사람이 없었기 때문이다. 아침에는 프랑코와 저녁에는 에드 코나 데이브 드레이퍼와 호흡을 맞췄다. 나만큼 보디빌딩에 미친 사람이 없었다. 절정기에는 한 번 운동할 때 드는 전체 무게가 4만 파운드(약 1만 8,100킬로그램)에 달했다. 대형 트럭 무게에 필적하는 수준이었다. 대다수는 그 정도까지 고통을 감내하며 노력하길 꺼린다. 하지만 나는 오히려 그 고통을 갈망했고 훈련에 매달리는 시간 자체를 즐겼다. 오스트리아 시절 첫 트레이너는 고통을 즐기는 내가 마치 괴물 같다고 했다. 어쩌면 그 말이 맞았을 것이다."

영화배우 아놀드 슈왈제네거의 말이다.

고통은 진흙인 나를 보석으로 만들기 위한 과정, 지금은 힘드나

꼭 필요한 과정, 당시는 이유를 알 수 없지만 뒤돌아보면 이해가 되는 그 무엇이다.

공급망 관리

공급망 관리SCM는 고도로 훈련된 협업 기술을 통해 전체 최적화를 하는 것이다. 시스템을 기반으로 조직의 경제적 성과를 만들어가는 행위이다.

공부

공부라는 말은 불교의 불도를 열심히 닦는다는 '주공부做工夫'에서 유래했다. 공부는 참선에 진력하는 것이다. '스터디Study'의 어원은 '밀어내다.'와 '때리다.'라는 뜻의 고대 인도유럽어 '스테우Steu'에서 파생되어 열성과 열정이라는 라틴어 '스타디움Stadium', 성실이란 뜻의 '스투데레Studere'로 발전했다 '애쓰다.'라는 뜻의 '스트라이브Strive'와 궤를 같이한다. 공부는 삶의 의미와 살아가는 방법을 전력투구해서 배우는 것이다. 공부는 현재 나의 상태에서 미래에 되고자 하는 상태를 채우는 과정이다. 공부는 생존을 위해 통찰력을 배우는 것이고 다른 동물과 인간을 구분 짓는 방법이다. 카이스트 예종철 교수의 설명이다.

공부는 자기 확신을 깨는 과정인데 성인무상심聖人無常心이다. 성인
은 한마음에 머물지 않는다는 뜻이다. 공부는 자기 확신을 깨는 과
정이다. 자기 확신에 빠지면 비이성적으로 감각이나 감성에 의지한
다. 과거지향적이고, 소유한 걸 지키려 하고, 이념으로 현실을 지배
하고, 세상을 보고 싶은 대로 본다. 지적인 사람은 이성적이고 논리
적이고 미래지향적이다. 소유한 걸 바탕으로 다음으로 넘어가려 한
다. 철학자 최진석의 저서 『최진석의 대한민국 읽기』에 나오는 내용
이다.

"공부는 해답 없는 질문을 생각할 수 있는 회로를 만드는 작업이
다." 일본의 경제학자이자 기업인인 오마에 겐이치의 말이다.

공부 의지 소멸

둘로 나눌 수 있다. 하나는 정말 공부가 싫어서 하지 않는 것이다.
방법이 없다. 속수무책이다. 그렇게 살다 가게 놔둬라. 또 다른 하나
가 있다. 정말 공부해야 하는 대상인데 이를 공부의 대상으로 생각
하지 않는 것이다. 건강이 대표적이다. 관계도 그렇다. 건강을 공부
해야 한다고 생각한 적이 있는가? 건강이 중요하다고 말은 하지만

건강을 공부해야 건강해질 수 있다는 생각은 거의 하지 않는다. 알아야 소유할 수 있다. 알지 못하면 소유할 수 없다.

과잉 친절

두려움의 결과물이다. 상대 기분을 지나치게 맞춰주거나 필요한 것보다 더 많은 친절을 베푸는 것이다. 이는 종종 타인의 반응이나 평가에 대한 불안감에서 비롯될 수 있다. 거절당하거나 부정적인 평가를 받는 것에 대한 두려움이 과잉 친절로 이어진다는 것이다. 과잉 친절은 진정한 관계를 방해할 수 있다. 진심에서 우러난 친절이 아니라 상대의 마음을 얻기 위한 수단으로 변질될 때 오히려 피상적인 관계가 만들어질 수 있다. 건강한 친절은 자신의 경계와 타인의 감정을 존중하는 데서 나온다.

과학

과학은 '논리를 이용해 관찰과 지식의 선을 잇는 것'이다. 베를린 대학교는 과학을 이렇게 정의한다.

관광

사진으로 본 풍경을 실제 그곳에 가서 확인하는 일.

관대함

줄 수 있는 것보다 더 많이 주는 것이다. 미국의 시인이자 작가인 칼릴 지브란의 생각이다.

관료주의

무질서와 혼돈을 완전히 제거함으로써 일사불란하고 모든 걸 규정대로 착착 움직이는 이상적인 사회 구축을 이상으로 삼는 이념이다. 관료주의는 내용보다는 형식을 중시한다. 이 보고를 왜 하는지보다는 '어떤 과정을 거쳐 어떤 포맷으로 할 것인가'에 에너지를 쓴다.

사무실 크기도 필요성보다는 규정에 따라 결정한다. 사장실은 몇 평 이상이어야 하고 일반직은 몇 평 이상은 안 된다. 일과가 끝난 후에는 아무리 추워도 냉난방은 안 된다. '왜 이 서류가 필요한지'는 중요치 않다. 다만 예전부터 해왔기 때문에 필요하다고 주장한다. 문제가 생기면 늘 관행이라고 치부한다. 사업의 필요성 여부는 중요하지 않다. 다만 예산 책정이 되어 있어서 집행하는 것이다. 그 사람의 역량보다는 나이가 몇 살이고 어느 학교를 나왔는지가 중요하다.

관료주의는 권위가 직함에서 나온다고 믿는 사람에게서 자란다. 관료주의는 속도를 무서워하며 단순성을 증오한다. 사람들을 방어적으로 만들고 음모를 키우게 하고 때때로 비열하게 만든다. 도전적이고 성과를 지향하는 사람은 견디기 어렵지만 주어진 일을 형식대로 조용히 처리하기 좋아하는 사람에게는 최상의 입지를 제공한다. 목적이나 효율을 생각하는 사람은 생활하기 힘들다. 하지만 아무 생각 없이 주어진 일을 하기엔 최고의 조직이다.

관용

자기와 다른 것을 받아들일 수 있는 능력이다. 반대말은 옹졸함인데 '자기와 다른 걸 무조건 배척하는 태도'다. 참고로 관용을 나타내는 지수가 있다고 한다. 자선단체 기부 비율, 자원봉사 참여 여부, 낯선 타인을 돕는 행위 등등을 따져 만든 지수이다. 한국은 140개 국가 중 81위에 해당한다. 너그럽지 못한 사회다. 요즘 우리 사회에 가장 필요한 게 관용 또는 너그러움이라고 생각한다.

관점

생각의 각도다. 이동규 경희대학교 경영대학원 교수의 생각이다.

광고

잊히지 않기 위해 하는 것이다. 『쥬비스 미라클』의 저자 조성경의
생각이다.

교만

천천히 자살하는 것이다.

교양

긴 시간을 통해 가치를 인정받은 다양한 분야의 지식이다. 지식
의 교집합이다. 영화평론가 이동진의 설명이다.

교양은 리버럴 아츠Liberal arts를 번역한 말이다. 글자 그대로 자유롭
게 살기 위한 기술이다. 이를 위해서는 확고한 세계관, 인간관, 그리
고 '나는 이렇게 살겠다.'라는 인생관이 필요하다. 교양인이 되기 위

해서는 자신의 정체성을 알고 본질을 파악할 수 있어야 한다. 양보다는 질적 공부를 해야 하고 본질을 엄선해 파악하는 훈련이 필요하다. 가장 좋은 훈련법은 요약하는 것이다. 줄이고 줄여 한 줄로 요약하는 것이다. 기업컨설팅 대표로 활동하는 아사다 스구루의 저서 『한 줄 정리의 힘』에 나오는 내용이다.

교양인

좀 더 나은 사람이 되고 싶다는 욕망으로 꾸준히 책을 읽는 사람.

교육

물음표로 시작해 느낌표로 끝나는 것이다. '이게 뭐지? 이게 왜 이렇지?'라고 고민하다가 답을 알고 "아하!"라고 소리치는 것이다.

구설수

더 이상 그렇게 살지 말라고 세상이 보내는 경고다. 작가이자 대통령 비서실 연설비서관이었던 강원국의 생각이다.

구차함

반드시 해야 할 일은 어떻게든 하지 않고 결코 해서는 안 되는 일
은 어떻게든 하려 할 때 벌어지는 일.

국회의원

국리민복國利民福이라는 대의를 위해 권한을 써야 하지만 사실은
권력을 이용해 자신을 위해 권한을 쓰는 직업이다. 겉으로는 국민을
위한다고 하지만 속내는 자신만을 위해 일한다. 그걸 증명하는 방법
이 있다. 급여를 없애고 차를 없애고 비서진을 없애고 국회의원을
하라고 주문하는 것이다. 몇 명이나 남아 있을까?

권력

권력은 영향력이다. 영향력이 큰 사람이 권력자다. 대통령만 권력
자가 아니다. 수십만의 팔로어가 있는 트위터나 아이돌 스타들도 권
력자다. 이들의 일거수일투족이 수많은 사람에게 영향력을 행사한
다. 많은 경우 권력은 지위에서 나온다. 계급장에서 나온다. 인기에
서 나온다. 그래서 계급장을 떼거나 인기가 사라지면 권력도 사라진
다. 권력은 영원할 수 없다. 단기적이고 한시적이다.

권력을 가진 사람은 그 영향력을 자신만을 위해 사용해서는 안 된다. 자신의 부귀영화만을 위해, 표만을 구걸하기 위해, 자기 가족만을 위해 사용해서는 위험하다. 권력은 자체로는 가치가 있는 것이 아니다. 누구를 위해 어떻게 사용하느냐가 중요하다. 그래서 권력을 가진 사람에게 철학이 필요하다. 그래야 자신만이 아닌 대의를 위해 사용할 수 있다. 지금의 인기보다는 장기적인 평가를 염두에 둘 수 있다.

"의도한 결과를 얻는 능력이다." 영국 철학자 버트런드 러셀이 한 말이다.

그림자 노동

노동하고 있음에도 불구하고 정당한 노동으로 평가받지 못하고 보수가 발생하지 않는 일을 가리킨다. 전업주부들이 하는 집안일이 대표적인 그림자 노동이다. 가족을 위해 요리를 하거나 집을 청소하고 아이들 돌보는 일 등이 그렇다. 오스트리아 철학자 이반 일리치의 생각이다.

근성

장기적인 목표를 향해 열정과 끈기를 갖고 나아가는 것이다. '그릿'이라고도 한다. 심리학자 앤절라 더크워스의 생각이다.

글씨

글씨는 손이나 팔이 아닌 뇌로 쓴다. 글씨는 '뇌의 흔적'이다. 글씨체는 바로 그 사람을 드러낼 수밖에 없다. 글씨는 사람의 내면을 찍은 엑스레이와 같다. 글씨체에는 성격, 성장 과정, 취향, 질병, 빈부가 집약돼 있기 때문이다. 사람의 내면을 바꾸는 방법 중 글씨 연습만 한 것은 없다. 비용이 거의 들지 않고 쉬우며 정밀하고 효과적이다. 글씨를 수양의 도구로 삼아 자기 자신을 발전시켜라. 『필체를 바꾸면 인생이 바뀐다』의 저자 구본진의 생각이다.

그 사람의 정신적 지문이다. 서체 디자이너 한동훈의 생각이다.

기다림

희망의 다른 이름이다. 기다린다는 것은 마음속에 어떤 바람과 기대를 품은 채 덤덤하게 혹은 부지런히 무언가를 준비하는 일이다.

기다림은 더 많은 것을 견디게 하고 더 먼 것을 보게 하고 캄캄한
어둠 속에서도 빛나는 눈을 갖게 한다.

기본

맥주 세 개에 마른안주 하나.

기부

소유권을 포기하는 대신 선한 영향력을 확대하는 것이다. 주는
거 같지만 사실은 받는 것이다.

기분 나쁨

예상치 못한 일이 일어나거나 원치 않는 결과가 나는 것을 말한
다. 기분이 나쁜 대신 해서방법을 바꾸면 기분이 나쁘지 않다. 기분
이 나쁜 건 대응적 태도다. 대신 '이 사건을 어떻게 봐야 할까? 이 사
건에서 배울 게 뭐가 있을까?'를 생각하면 한 단계 올라설 수 있다.

기쁨

가면을 벗은 슬픔이다. 웃음이 샘솟는 바로 그 우물은 종종 눈물로 가득 찬다. 슬픔이 깊이 파고들수록 우리 안에 더 많은 기쁨을 담을 수 있다. 미국의 작가 칼릴 지브란의 생각이다.

기억

기억은 어제의 해석이다. 기억은 거짓도 아니고 진실도 아니다. 기억은 상상력이 가미된 재구축이다. 그렇기에 하나의 사건을 두고 서로 다른 기억을 가지며 각자 경험과 해석에 따라 다르게 재구성된 기억을 떠올린다. 기억은 언제든 변화할 수 있고 우리가 기억하는 과거는 사실과 다를 수 있다. 그것이 기억의 본질이다.

기억은 뇌라는 컴퓨터에 저장된 데이터를 저장했다 꺼내는 방식으로 작동하지 않는다. 기억은 가변적이고 유동적이다. 기억을 떠올릴 때마다 뇌는 정보를 새롭게 재구성한다. 기억할 때와 상상할 때 뇌에서 활성화되는 부위가 거의 일치한다. 기억과 상상이 같은 방식으로 작동한다는 증거이다. 그래서 기억을 왜곡하고 거짓 기억을 만들기도 한다. 기억은 정확하지 않은데 이게 생존에 훨씬 유리하다. 세상은 끊임없이 변하기 때문에 변화를 반영해 기억을 변경해야 한다. 기억 갱신이 없다면 유연성을 발휘할 수 없다. 다가올 위험을 회

피하고 미래에 대처하기 위한 적극적인 생존 방식이다.

기억은 선택적이다. 모두 기억할 수 없는 까닭에 선택적으로 기억하는데 선택의 근거는 맥락과 도식이다. 뇌는 덩어리로 기억한다. 특정 사건이 벌어졌을 당시의 장소, 상황, 감정, 맥락을 함께 덩어리로 저장한다. 그렇기에 하나의 사건을 두고 서로 다른 기억을 가진다. 기억은 언제든 변화할 수 있고 우리가 기억하는 과거는 사실과 다를 수 있다. 그것이 기억의 본질이다. 차란 란가나스의 저서 『기억한다는 착각』에 나오는 이야기다.

기업가치

현금 창출 능력에 대한 기대감을 현시점에서 평가하는 것이다. 일시적으로 돈을 버는 건 별 의미가 없다. 어떤 경쟁력을 선택하든 경쟁사가 진입하기 어렵게 만드는 장벽을 구축할 수 있어야 경쟁력의 지속 기간이 길어지고 기업가치는 올라간다.

기업의 크기

자본의 크기로 결정되는 것이 아니고 그 안에 있는 사람들의 생각 크기가 결정한다. 근데 생각의 크기를 결정하는 3가지 변수가 있다. 첫째, 구성원들 욕망의 크기다. 둘째, 기업문화다. 성취 지향적이어야 한다. 셋째, 경영자 또는 리더가 원대한 목표를 제시하고 구성원들에게 전염시킬 수 있어야 한다. 김용범 메리츠금융그룹 부회장의 생각이다.

기원을 밝히는 일

모든 학문에서 공통으로 몰두하는 주제다. 천체물리학자는 우주의 시작을 연구한다. 생물학자는 생명의 탄생을 연구한다. 언어학자는 언어의 뿌리를 밝혀내고자 한다. 고고학은 유물로부터 '지금 여기' 우리에게 유의미한 이야기를 끌어내는 사람이다. 죽은 과거에 새로운 삶을 부여하는 과정이다. 죽은 자는 말이 없지만 세상을 떠난 이가 남긴 물건이나 흔적에는 알지 못했던 수많은 이야기가 담겨 있다.

인간은 역사의 동물이다. 과거를 통해서 미래를 내다보기 때문이다. 애널리스트는 과거 주가의 등락을 근거로 앞날을 예측한다. 판사는 판결 내릴 때 이전 판례를 참고하고 현재 상황을 고려한다. 의사도 진찰과 치료를 할 때 이전의 임상을 토대로 삼는다. 이처럼 인간이 미래를 판단하고 예측할 수 있는 가장 확실한 근거는 지나온 과거다. 과거, 현재, 미래는 단절의 시간이 아니라 연결의 시간이다. 과거는 현재와 이어지고 현재는 다시 미래로 이어진다. 경희대학교 사학과 교수인 강인욱의 저서 『세상 모든 것의 기원』에 나오는 내용이다.

기회비용

한 가지를 선택했을 때 그 선택으로 인해 상실한 재화의 가치를 의미한다.

기획

사용자 처지에서 기능을 고민하고 경험을 의도하는 것이다. 기획을 조형적으로나 미적으로 아름답게 표현하는 건 디자인이다. 기획과 디자인을 나답게 지속하는 것이 브랜딩이다. 기획을 꼼꼼히 잘하면 디자인을 쉽게 할 수 있다. 기획과 디자인이 잘되고 있다면 브랜딩도 잘되고 있을 것이다. 출발은 기획이다. 기획은 상식에서 출발해야 한다. 이를 위해 자주 던지는 질문이 있다.

'이 일을 왜 하나요? 안 해도 되는 건 아닌가요? 우리는 뭐 하는 회사인가요? 이걸 하면 수익이 생기나요?'

기획은 상대의 머릿속에 그려주는 것이다. 박신영의 저서 『기획의 정석』에 나오는 내용이다.

나눔

내 배 속에 넣는 대신 다른 사람의 마음속에 넣는 행위다. 적게 먹어 건강에 좋고 다른 사람을 기쁘게 해서 좋아 이래저래 남는 장사다.

나는 누구인가

"나는 어떤 목표도, 어떤 체계도, 어떤 경향도 추구하지 않는다. 난 어떤 강령노, 어떤 양식도, 이떤 방향도 갓고 있지 않다. 내가 무엇을 원하는지 모른다. 일관성이 없고, 충성심도 없고, 수동적이다. 무규정적인 것과 무제약적인 걸 좋아한다. 끝없는 불확실성을 좋아한다."

현대미술의 거장 게르하르트 리히터가 한 말이다. 거장만이 할 수 있는 말이다. 스펙트럼이 다양하다. 사진, 구상과 반 구상, 추상을 넘나든다.

나력

주제 파악이란 말을 좋아한다. 내가 아닌 남의 관점에서 나를 객관적으로 보는 능력이다. 참 어려운 일이다. 회사 내에서의 실력이 그렇다. 대기업에서 일을 잘한다고 생각하던 사람이 중소기업에 가서 실패하는 경우가 많다. 그 사람의 실력이 아닌 조직의 실력인데 본인이 착각한 것이다. 반대의 경우도 많다. 잠재력이 있었는데 조직이 바뀌면서 숨은 실력이 나타나는 것이다.

나력裸力은 벌거벗은 힘이란 말이다. 다른 것에 기대지 않은 온전한 자기만의 실력이다. 조직의 실력이나 누군가의 후광이 아닌 오로지 본인만의 실력이 나력이다. 현재 여러분의 실력은 어떤가? 조직의 실력인가? 아니면 개인의 실력인가? 월급보다 일을 더 잘하는가? 아니면 하는 일에 비해 너무 많은 월급을 받고 있지는 않는가? 지금의 회사를 계속 다니는 게 나을까, 아니면 때려치우고 변화를 주는 게 나을까? 사전에 이를 검증할 방법을 알고 있으면 좋겠다는 생각이다.

난독증

잘 읽을 수 없는 병이다. 활자가 눈에 들어오지 않는 사람을 뜻한다. 근데 하나가 없으면 다른 하나가 생기는 법이다. 잘 읽을 수는 없지만 잘 듣고 잘 기억한다.

냉소

힘없는 비웃음이다. 권력에 맞서기 힘들고 권력에 대항하면 내가 피해 볼 수도 있다. 그 과정을 비집고 나오는 게 냉소다. '어차피 안 돼.' '노력해봤자 소용없어.' 냉소주의는 힘이 없다. 냉소주의로 할 수 있는 건 없다. 오히려 사람들의 힘을 뺄 뿐이다. 정치인 노회찬의 생각이다.

노년

언제나 나보다 20세 많은 것.

노이로제

자기 잠재력을 창의적이고 건설적인 데 쓰는 대신 엉뚱한 곳에

낭비하는 상태를 말한다. 우울, 불안, 강박증, 지나친 완벽주의, 흑백
논리 등으로 인해 발생한다.

노화

질병이다. 데이비드 A. 싱클레어와 매슈 D. 러플랜트 공저『노화
의 종말』에 따른 정의다.

농담

지혜다. 농담은 아무나 할 수 없다. 마음의 여유가 있어야 하고 지
적으로 표현할 수 있어야 한다. 내가 이런 말을 할 때 상대 생각을
미리 읽을 수 있어야 한다. 머리 나쁘고 조급한 사람은 절대 할 수
없다. 농담이 지혜라는 증거가 있다. 히브리어 '호크마hokmah'라는 말
이다. 이 말에는 농담과 지혜라는 두 가지 의미가 있다. 농담이 지적
인 행위임을 그들은 이미 알고 있다. 농담은 심오한 행위다.

농업

식물 길들이기. 유발 하라리의 저서『사피엔스』에 나오는 말이다.

능력 범위

자신이 무얼 알고 무얼 모르는지 그 범위를 아는 것이다. 능력 범위를 안다는 것은 효용성이 크다. 대부분 사람은 이걸 몰라서 망한다. 본인이 이해하고 가치를 평할 수 있는 회사에만 투자하고 모르는 비즈니스에는 투자하지 않는다. 찰리 멍거의 철학이다.

다각화

무지를 상쇄하기 위한 방어 조치다. 자신이 하는 일을 꿰뚫고 있는 사람에게는 타당성이 거의 없는 전략이다. 워런 버핏의 설명이다.

다이어트

습관 성형이다. 다이어트에 성공하기 위해서는 자신에게 맞는 식단, 운동, 생활 습관을 찾아 완전히 내 것로 만들어야 한다. 유튜버 다노언니 제시의 설명이다.

다크패턴

다크패턴이란 사용자의 자율성, 의사결정, 선택을 방해하거나 손상하도록 설계된 사용자 인터페이스UI, User Interface를 뜻한다. 사용자가 본인의 의사와 상관없이 제품을 구매하게 만드는 기업들의 기만적 설계는 오프라인 매장에도 오래전부터 있었다. 검색대를 통과해 비행기를 타기 전 여행객들이 반드시 거치도록 만들어진 공항 쇼핑몰이 대표적인 예다.

온라인 세계에서는 이런 조작이 더욱 손쉽고 광범위하게 이루어진다. 소비생활에서 온라인 쇼핑이 압도적 비중을 차지하고 구독 경제와 비대면 금융거래 등 새로운 형태의 전자상거래가 끊임없이 생겨나면서 다크패턴도 만연하고 있다. 2022년 유럽 의회가 수행한 연구에 따르면 검토한 웹사이트와 앱의 97%에서 하나 이상의 다크패턴을 적용하고 있었으며 2020년 덴마크, 노르웨이, 스웨덴, 영국, 미국의 뉴스 및 잡지 웹사이트 300곳의 쿠키 동의 알림을 분석한 결과 99%가 다크패턴을 사용하고 있음이 밝혀졌다. 해리 브리그널의 저서 『다크패턴의 비밀』에 나오는 내용이다.

단념

전념을 위한 전제 조건이다. 전념을 위해서는 많은 걸 포기하거나 끊어야 한다.

단절

연결이 디폴트가 된 세상에서 스스로 지킬 수 있는 능력이자 권력이다. 소설가 백영옥의 설명이다.

대노를 했다

대노大怒는 본인이 최악의 리더라는 걸 만천하에 공개하는 것이다. 왜 화를 내는가? 누구에게 내는 것일까? 일이 그 지경이 된 게 누구 책임인가? 모든 책임이 실은 자신에게 있다는 그 뻔한 사실을 인지하지 못했기 때문에 화를 내는 것이다. 대노를 했다고? 잘못된 행위다. 대노를 하는 대신 자기 머리를 쥐어박아라. 나 같은 사람은 절대 이런 자리에 있어서는 안 된다고 고해성사하라.

대면력

사람과 마주보고 즐겁게 관계를 맺을 수 있는 능력이다. 그 어떤 상황에서도 문제없이 사람과 마주하며 얘기를 주고받을 수 있는 능력이다. 커뮤니케이션 능력보다 더 근본적인 힘이다. 상황과 장소에 맞춰 대응하는 적응력이다. 유연하게 상대에 맞추면서도 자신에 대한 강렬한 인상을 심어주어 '이 사람과 또 만나고 싶다.'라고 생각하게 만드는 능력이다. 사이토 다카시의 저서 『내가 대화하는 이유』에 나오는 내용이다.

대학원

대학생 때 죄를 많이 지어 가는 곳.

대화

내가 하고 싶은 말을 실컷 늘어놓는 게 아니라 상대의 마음을 열어 그가 하고 싶은 말을 끌어내는 것이다. 대화의 목표는 상대를 변화시키는 것이 아니라 상대 마음을 여는 것이다.

도덕적 우월감

아무것도 하지 않는 자신을 대단한 사람으로 착각하는 것이다. 이들은 어떤 행동을 할까? 일단 책은 읽지 않는다. 대신 스마트폰으로 남의 삶은 열심히 살핀다. 누가 어딜 놀러 갔고, 누가 무얼 먹었고, 유명인 누가 무슨 소리를 했고……. 좋은 이야기보다는 사건 사고 스캔들 가십 등 사람을 분노하게 하는 이야기에 집중한다. 그런 이야기를 들으면서 그렇지 않은 자신을 높이 평가한다. 남들은 저렇게 나쁜 짓을 많이 하는데 그에 비해 나쁜 짓을 하지 않은 자신을 영웅으로 착각한다. 과연 그럴까?

나쁜 짓을 하지 않았다는 건 어떤 의미일까? 대부분 그런 상황에 노출되지 않았기 때문일 수 있다. 자주 비분강개하는 사람일수록 기회가 되면 자신이 욕했던 사람을 그대로 따라 하는 경우가 종종 있다.

도사

도사道士란 운명을 거울처럼 들여다보는 이들이다. 그들의 주특기는 미래 예측이며 신통력을 비롯해 의술, 학술, 역술을 겸비하고 있다. 누구나 인생에서 막장에 몰리고 밑바닥에 떨어질 때가 있다. 지푸라기라도 잡고 싶은 심정이지만 주변에 도움 줄 사람 하나 없다. 최선을 다해 살아왔지만 더 이상 논리와 이성의 힘으로는 버티지 못할 때 하늘의 섭리에 귀를 기울이게 된다. 그곳에 도사들이 있고 우리 인생사를 풀어주며 생각지도 못한 해결책을 제시해준다. 교수이자 칼럼니스트인 조용헌의 생각이다.

도시

내세울 것이라곤 물과 공기 외엔 별다른 게 없는 도시다. 별 볼 일
없는 도시라는 것의 다른 표현이다.

도시침술

침술이 신체 곳곳에 최소한의 자극을 주어 건강을 회복시키듯 도
시에도 최소한으로 개입해 건강한 변화를 만들어내는 도시설계를
뜻한다. 어두운 골목을 밝히는 가로등이나 특별한 기억을 담은 공원
벤치 같은 작은 요소를 통해 도시를 안전하고, 경제가 살아나고, 인
간미 넘치는 방향으로 바꾸는 '최소한의 개입'이 도시침술인 것이다.

도시침술이란 정확히 무엇일까? 가시적인 공간 변화부터 일시적
인 풍경 연출, 태도나 의식 변화, 작은 실천에 이르기까지 도시에 긍
정적인 변화를 가져다주는 모든 실천을 망라한다. 가시적 공간 변화
란 기존 공간을 창의적으로 재활용하거나 장소에 어울리게 디자인
하거나 작품을 설치하는 것이다. 일시적인 풍경 연출이란 음악이나
조명으로 도시에서의 경험을 극대화하는 것이다. 『도시침술』의 저
자 자이미 레르네르의 설명이다.

도전

기존의 나를 넘어서기 위한 모든 노력이다. 『당신은 도전자입니까』의 저자 이동진의 설명이다.

독각의 경지

혼자 있으면 한가하고 즐거워야 하지만 오히려 불안하다. 이게 현대인의 불행이다. 현대인은 똥개훈련을 너무 많이 받아 혼자 있을 수 없다. 인간이 혼자 있을 수 있는 경지를 '독존 의식'이라고 한다. 인간은 주변으로부터 인정을 받고 싶어한다. 사회적 욕구로부터 자유롭기 위해서는 혹독한 수련이 필요하다. 요가에서는 다섯 번째 차크라인 '비슈다 차크라'가 뚫려야만 평판이나 인정으로부터 자유로워진다고 한다.

대개의 인간은 주변의 평판에 따라 일희일비한다. 행복의 여건이 내부가 아닌 외부에 있는 것이다. 외부 여건이 악화하면 자살하기도 한다. 불교에서는 '독각獨覺의 경지'를 말한다. 매사추세츠주 콩코드의 월든 호숫가에서 홀로 오두막을 짓고 살았던 데이비드 헨리 소로는 독존 의식이 있었다. 교수이자 칼럼니스트인 조용헌의 생각이다.

동반자살

내가 생각하는 동반자살은 자녀 살해다. 죽을 생각이 전혀 없는 자식의 동의 없이 부모가 일방적으로 자녀를 죽이는 행위다. 부모는 자살이지만 자녀는 살해를 당한 것이다. 근데 왜 동반자살이란 이름을 붙일까? 자녀 살해라고 부르면 현재의 동반자살은 확 줄지 않을까?

두려움

두렵다는 건 충분히 준비하지 않았다는 것이다. 위험은 실재하지만 두려움은 실재하지 않는다. "두려움은 언제나 무지에서 비롯된다." 랠프 월도 에머슨이 한 말이다. 두렵다고 생각하면 실제 그 일이 일어난다. '실패하면 어쩌지?'라고 생각하면 실패한다. 하지만 '실패해도 다시 일어나면 되지.'라고 생각하면 실패하지 않는다. 실패에 대한 두려움이 사라졌기 때문이다.

디폴트

다른 선택지를 적극적으로 고르지 않았을 때 얻게 되는 결과.

레버리지

돈으로 하는 불장난이다. 과도한 부채는 치명적 결과로 이어질 수 있다. 찰리 멍거의 생각이다.

레소노미아

나는 사람 얼굴과 이름을 잘 기억하지 못한다. 어제도 누군가 전철에서 반갑게 인사를 하는데 얼굴은 기억나는데 도대체 이름이 무언지 어디서 무슨 일로 만났는지도 기억하지 못하겠다. 그래도 이건 좀 나은 편이다. 어떨 때는 상대는 반갑게 인사를 하는데 얼굴도 낯설고 이름도 전혀 기억나지 않는다. 참으로 민망한 일이다. 근데 이게 나만의 일은 아니란 걸 이 단어를 보고 알았다.

레소노미아Lethonomia는 얼굴은 알 것 같은데 '사람 이름을 잘 기억 못하는 증상'을 말한다. 망각의 강 이름인 레테Lethe와 이름이란 뜻의 노멘nomen이 합쳐진 말이다.

루틴

평정심을 유지하고 최상의 역량을 발휘하기 위해 습관적으로 하는 일련의 행동이나 절차를 말한다. 아무 생각 없이 나를 움직이게 하는 것. 하고 싶을 때는 물론 하기 싫을 때도 자동으로 나를 움직이게 하는 힘이다. 자신의 에너지를 가장 효율적으로 쓰기 위한 수단이다. 좋은 루틴이 있으면 생산적인 삶을 살게 된다. 비범한 사람도 루틴이 없으면 평범해지고 평범한 사람도 좋은 루틴이 있으면 비범한 사람이 될 수 있다.

성공을 위한 킹핀이다. 볼링에서 스트라이크를 위해서는 킹핀을 쓰러뜨려야 한다. 그게 가장 중요하다. 그러면 킹핀이 나머지 핀을 건드리면서 스트라이크가 된다. 성공도 그렇다. 성공에서 가장 중요한 건 자신만의 엄격한 루틴을 만들고 지키는 것이다. 그러면 그 루틴이 도미노처럼 다른 것에도 자극을 주면서 생산성이 확 올라갈 것이다. 책을 쓰고 싶다고? 가장 먼저 루틴을 만들어라. 어디에서 할 것인지, 몇 시에 자고 몇 시에 일어날지, 식사는 어떻게 하고 휴식은 어떻게 취할 것인지……. 그런 것들이 가장 중요하다. 그게 없으면 매번 급한 일로 인해 아무것도 하지 못하고 세월이 지난 후 자신이 할 수 없었던 1,000가지 이유만을 반복해서 말하게 된다.

리스크

위험을 무릅쓰고 새로운 일에 도전하는 것이다. 이 말의 어원은 위험을 무릅쓰고 배를 타고 나서는 용감한 남자들을 뜻하는 '리시카레Risicare'다. 리스크는 피하는 게 아니라 도전하는 것이다. 상인들은 현금이나 보석을 운반할 때 늘 리스크가 있었다. 이때 상인을 도와주기 위해 새로운 해결책을 개발한 사람들이 있는데 바로 반코Banco다. 반코는 상인들에게 무현금거래 서비스를 제공하기 시작했고 그 결과 현금을 갖고 다닐 필요가 없어졌다. 다나카 야스히로의 저서 『부의 지도를 바꾼 회계의 세계사』에 나오는 내용이다.

리추얼

하루를 마치 종교적 의례처럼 여기는 엄격한 태도다. 일상의 방해로부터 나를 지키는 유용한 도구, 삶의 에너지를 불어넣는 반복적

행위, 약자들은 절대 모르는 강자만의 무기.

린치핀

바퀴가 빠지지 않도록 축을 고정하는 작은 핀을 의미한다. 없어 서는 안 되는 사람이다. 이 사람이 없으면 회사가 돌아가지 않는 사람, 문제를 맞닥뜨렸을 때 가장 먼저 찾는 사람, 상황을 정확히 분석하고 프로젝트를 이끄는 사람. 그 누구도 대신할 수 없고 조직에 필수 불가결하다고 모두가 인정하는 사람이다. 없는 길을 찾아가는 사람, 지도를 만드는 사람, 문제를 해결하는 사람이다. 주도하고 변화하고 연결하는 사람이다. 작가이자 기업인인 세스 고딘의 설명이다.

링반데룽

방향 감각을 잃고 같은 지점을 맴도는 일을 말한다. 등산 용어로 야간이나 악천후로 인해 목표가 불명료한 경우에 광대한 지형을 곧바로 오르는 것 같지만 실제로는 원을 그리며 같은 곳을 돌고 있는 현상을 뜻하는 독일어이다. 특히 지식이 많은 사람일수록 자기 안의 링반데룽에 빠질 확률이 높아진다.

마스크

마스크는 가면이다. 얼굴을 감추기 위해 나무나 천으로 얼굴을 가리는 물건이다. 또 나른 의미는 얼굴 생김새다. 마스크 그 자체로 얼굴을 가리킨다. 가난하고 이동이 적은 집단일 경우 가까운 친구와 동료에게 시간과 노력을 집중한다. 안전하기 때문이다. 부유하고 이동이 많은 시대에는 달라진다. 이게 오히려 독이 된다. 다양한 인물에게 시간과 에너지를 써야 더 많은 기회를 가질 수 있고 창의성을 발휘할 수 있다. 행복해질 수 있다. 심리학자 김경일의 저서 『적정한 삶』에 나오는 내용이다.

마스터플랜

장기적인 계획을 말하는데 계획대로 되는 경우는 별로 없다. 변수가 너무 많기 때문이다. 그럼 세우지 말라는 것인가? 계획은 세우되 새로운 정보가 생기면 그것을 염두에 두고 행동하라는 말이다. 10년을 대비한 마스터플랜은 비현실적이며 그것을 위한 시간과 에너지가 아깝다. 일을 진행하다 상황에 맞게 간단하면서 즉각적으로 대처하는 게 훨씬 낫다. 전투란 적과의 연속적인 상호작용이며 내가 적의 행동에 영향을 주는 만큼 적도 내 행동에 영향을 준다. 전쟁은 적과 처음 대면하는 순간 바뀐다.

미국의 투자 기업 버크셔 해서웨이는 마스터플랜을 세운 적이 없다. 시도한 사람은 해고했다. 마스터플랜을 세우는 일은 오래 걸리고 새로운 현실을 포괄하지 못하기 때문이다. 찰리 멍거의 생각이다.

마흔

독립을 선언하는 나이. 그동안 나에게 주어진 전부와 헤어지는 나이. 더 이상의 핑계가 통하지 않는 나이. 공짜로 주어진 것들에 대한 자랑을 멈춰야 하는 나이. 안정의 시기 같아 보이지만 사실은 또 다른 질풍노도의 시기. 육아, 배우자, 부모 등 책임져야 할 짐이 가장 무거운 나이. 갈 길은 멀어도 아직 미래가 뚜렷하지 않은 나이.

지금의 결정이 노후에 가장 영향을 많이 끼치는 가장 결정적인 나이다. 지금부터는 내가 결정하고 결정한 것에 관한 결과를 오로지 내가 책임져야 하는 나이.

만병통치약

만병을 치료한다고 떠들어도 실은 아무 병도 제대로 치료하지 못하는 약이다. 마당발과 같은 개념이다. 모든 사람을 안다고 생각해도 실제 제대로 아는 사람은 하나도 없는 사람이다. 세상에 만병통치약은 없다. 존재하지 않는다. 만병통치약을 사방에 적용할 수는 없다. 어떤 사업에 적용된 해결책이 다른 사업에도 적용되는 건 아니다. 위장에 좋은 약이 폐에도 좋기는 쉽지 않다.

말

만물의 프로토타입이다. 말로 표현하지 못한다면 생각을 깊이 있게 발전시키지 못하고 동료와 논의할 수도 없다. 무언가를 만드는 사람은 가장 먼저 말을 만들어야 한다. 호소다 다카히로의 저서 『컨셉 수업』에 나오는 내용이다.

매몰 비용

'이미 투자해서 회수할 수 없는 비용'이란 것이 경제학에서의 정의다. 투자한 게 아까워 그곳에 계속 머무는 것이다. 몇 년 사귀었는데 내가 원하는 사람은 아니지만 그동안 들인 시간과 비용이 아까워 꾸역꾸역 만나는 연인, 잘못된 투자라는 사실을 뻔히 알아도 손해를 보면서 계속 그 사업을 하는 기업인, 대학에서 전공을 했다는 이유로 적성에 안 맞아도 관련한 업에 계속 머무는 것……. 이런 게 모두 매몰 비용이다.

내가 생각하는 매몰 비용은 "과거 내가 내린 결정이 미래 내 발목을 잡는 사악한 존재다. 과거에 사로잡혀 미래의 기회를 잡지 못하게 하는 어리석은 행위다. 돈이 아깝다고 시간을 내다 버리는 일이다." 그럼 어떻게 하란 말인가? 손절매를 권유한다. 두 눈 딱 감고 손해를 감수하고 매몰 비용 따위는 잊는 것이다. 매몰 비용이 아까워 미래를 희생하는 일은 하지 말아야 한다.

맥도날드

위대한 교육기관이다. 하버드보다 낫다. 습관이 좋지 않은 사람을 고용하고 훈련해 정시 출근이나 손님 맞는 법 등 좋은 습관을 교육한다. 사회의 가장 약한 고리를 향상하는 기관이다. 아무도 할 수 없는 일을 맥도날드가 하는 것이다. 찰리 멍거의 생각이다.

맥락

전후 사정과 그가 처한 상황.

머리

아이디어를 생각하는 곳이지 보관하는 곳이 아니다. 티아고 포르테의 저서 『세컨드 브레인』에 나오는 내용이다.

머리가 좋다는 것

많은 부모가 "우리 애는 머리는 좋은데 노력을 안 한다."라며 은근히 자랑한다. 난 그럴 때마다 '근데 도대체 머리가 좋다는 것의 정확한 의미가 뭘까?'란 의문이 생긴다. IQ는 기억력, 언어능력, 공간지각력, 수리력 등이 주를 이룬다. 중요한 능력이지만 지금같이 컴퓨터와 인공지능이 보편화된 세상에서는 머리가 좋다는 것에 대한 정의도 변해야 한다고 생각한다.

거기에 관해서는 36세에 대만 디지털 장관을 했던 오드리 탕의 말이 힌트를 준다. 그는 마스크 관련 앱을 만든 것으로 유명하다. "어느 약국에는 마스크가 있다네."라는 채팅방 얘길 듣고 이를 연결해 앱을 만들어 사회에 크게 이바지했다. 그의 주장이다. "인터넷 시대엔 모두 IQ가 180이다. IQ란 게 뭔가? 패턴을 알아채는 능력이다. 컴퓨터로 하면 되는 기술이다. IQ가 중요하던 시대는 지났다." 난 이를 이렇게 정리하고 싶다. "미래에 머리가 좋다는 건 관심 분야가 생겼을 때 가장 효과적으로 정보를 모으고 이 정보를 바탕으로 자기 생각을 정리해 나름의 의견을 만들어내고 이를 주변 사람들과 나누고 연결하는 것이다."

그럼 어떤 역량이 필요할까? "우선 오픈되어 있어야 한다. 확신을 버리고 똥고집도 버려야 한다. 늘 자신이 부족하다는 사실을 인지하고 끊임없이 책을 읽고 질문을 통해 다른 사람의 의견을 구할 수 있어야 한다. 이를 바탕으로 자기 생각을 정리하고 이를 말과 글을 통해 옮길 수 있어야 한다. 혼자 잘난체하는 걸 넘어 이를 중심으로 지적 교류를 할 수 있어야 한다. 지적 교류의 생태계를 만들고 거기서 부가가치를 창출할 수 있어야 한다. 정보가 필요한 사람은 정보를 얻게 하고 관심 분야가 비슷한 사람들끼리 연결하면서 문제를 해결하고 새로운 가치를 창출할 수 있어야 한다." 그러기 위해서는 책 읽는 독서력, 질문하는 능력, 잘 듣고 취합하는 능력, 그걸 바탕으로 사고하는 능력, 이를 말과 글로 표현하는 능력이 필요하다.

메타필링

자신과 타인의 감정 상태를 폭넓게 인지하고 이를 적절히 해석하며 다양한 맥락에서 감정을 조율하여 문제를 해결할 수 있는 능력이다. 감정이 기분이라면 감성은 감각을 통해 느낀 것을 인식하고 표현할 수 있는 능력이다.

멘탈

가혹한 조건에서 장시간 집중력을 잃지 않고 성과를 내는 능력이다. 끈기 곱하기 시간의 합이다.

명문장

가득 담았으나 군더더기가 없고 축약했으나 빠진 것이 없는 글이다.

명성

정신적 마약과 같다. 창조적 작업의 결과물인 동시에 핵폐기물과 같이 위험한 부산물이다. 돈과 권력의 그림자다.

"고독이다." 코코 샤넬의 말이다.

모방

모방이란 어떤 완성품을 주의 깊게 관찰하고 분석해 핵심 요소를 파악한 후 재조립하는 과정이다. 뇌에 평상시와 다른 놀라운 프로세스를 가동한다. 수동적 관찰과 달리 모방은 고도의 집중력이 필요하다. 그래야 디테일과 숨겨진 기법을 찾아낼 수 있다. 모방은 독창성을 빼앗는 작업이 아니라 머릿속 가정을 재고하게 하고 인지적 함정에 빠지지 않게 하며 새로운 관점의 실마리를 준다. 론 프리드먼의 저서 『역설계』에 나오는 내용이다.

목소리

소리 나는 명함이다.

무용지용

벨기에 출신 프랜시스 앨리스란 예술가가 있다. 그는 온갖 쓸데없는 행위를 하고 다닌다. 예를 들어 스웨터에서 털실을 뽑아내면서 하루 종일 길을 걸어가기도 하고 큰 얼음이 녹을 때까지 하루 종일 얼음을 밀고 다니기도 한다. 샌디에이고에서 길 하나만 건너면 되는 멕시코 티후아나까지 가는데 전 세계를 돌아서 간다. 왜 그런 쓸데없는 행위를 할까? 그가 내건 구호는 '최고의 노력으로 최저의 결과를 얻자.'라는 것이다. 현대인들은 너무 쓸모 있는 것과 생산적인 일만 하려 하는데 이런 통념에 대한 저항이다.

노자는 무용지용無用之用을 얘기했다. 굽은 나무가 선산을 지키고 정말 똑똑한 사람은 어리석어 보인다는 등의 말이다. 인생이 그런 것 같다. 당시는 쓸모없어 보였지만 그게 정말 도움이 되는 경우가 있다. 정말 똑똑하게 생산적으로 살았다고 생각했지만 지금 보면 그렇지 않은 경우가 있다. 생산성을 종교처럼 받드는 현대인들이 가끔은 생각해볼 주제란 생각이다.

물 들어올 때 노 저어라

돈 벌 때 이를 기반으로 격차를 벌리라는 말이다. 돈 그 자체는 별 가치가 없다. 돈이 목적이 되어서도 곤란하다. 하지만 돈은 좋은 수단이다. 돈으로 격차를 벌릴 수 있다. 자신에게 투자하고 지식에 투자하고 사람들에게 투자해 격차를 벌리라는 말이다. 돈 그 자체에 만족하면서 아무것도 하지 않으면 경쟁자가 조만간 쫓아와 격차가 없어질 수 있다.

물 흐르듯 살라

물 흐르듯 살라는 걸 다른 말로 표현하면 전기를 함부로 쓰지 말라는 것이다. 전기를 아껴서 정말 필요할 때 써야 한다는 것이다. 그러기 위해서는 쓸데없는 곳에 에너지를 쓰지 말아야 한다. 가능하면 저절로 돌아가게 해야 한다. 세상은 내 맘대로 되지 않는다. 세상은 원래 불공평하다는 사실을 받아들여야 한다. 사람은 모두 다르다는 걸 이해하고 받아들여야 한다. 내 맘대로 사람을 바꾸려고 하거나 강요하지 않아야 한다.

이를 위해서는 세상 변화를 잘 받아들이고 변화에 적극적으로 대응해야 한다. 내 주장보다는 상대 얘기를 잘 들어야 한다. 상대를 의심하는 대신 내 생각을 의심하고 내 확신에 주기적으로 도전해야 한다. 무엇보다 인간에 대한 존엄을 잃지 않아야 한다. 철모르는 아이라도 존중해야 한다.

미래 예측 전문가

신만이 할 수 있는 영역을 함부로 침입하는 위험한 직업이다. 대부분 가짜다. 일단 미래를 예측할 수 있다면 이런 직업을 가질 필요가 없다. 직업이 필요 없는 사람이다. 주가만 예측해도 엄청난 돈을 벌 수 있는데 굳이 예측에 대해 강연하고 글을 쓸 필요는 없다. 내년도 경제를 예측한다고? 예측은 무슨? 본인 앞날이나 예측하라고 하고 싶다. 난 그런 직업은 존재하지 않는다고 생각한다. 별 가치가 없다고 생각한다. 본인이 예측할 수 있다고 착각하는 것뿐이다.

내 말이 틀렸다고? 그러면 그 사람이 지난 10년간 예측한 것 중 예측대로 된 것과 전혀 예측하지 못했으나 막대한 영향을 줬던 사건을 떠올려봐라. 코로나19를 예측했나? 트럼프가 대통령이 될 줄 알았나? 우크라이나 전쟁을 예측했나? 예측한 사람은 거의 없다. 이들은 이미 일어난 일에 대한 평론가일 뿐이다.

미루기

즉각적인 만족과 미래 만족 사이에서 늘 즉각적인 만족을 택하고 미래의 만족을 버리는 행위, 하면 좋은 일을 하느라 정말 해야만 하는 일을 하지 않는 행위, 막판에 몰아서 하느라 결과물은 탁월한 성과와는 거리가 멀고 욕먹지 않을 수준의 삶을 살게 되게 하는 행위. 뾰족하게 잘못한 건 없지만 결과적으로 자기 인생을 망치는 치명적인 습관이다.

나중의 안락함보다 지금의 안락함을 선택하는 것이다. 지금 놀고 나중에 대가를 지급하는 것이다. 결과물은 끝나지 않은 일에 대한 부담감을 내내 지고 다니는 것이다. 자존감, 자신감, 자기효능감을 떨어뜨리는 엄청난 대가를 치러야 한다. 진실은 하나다. 중요한 일을 미루면 결국 실패한다는 것이다.

자신을 위해 정말로 무언가를 더 원하지만 그렇게 할 지식과 능력이 부족할 때 일어나는 현상이다. 미룬다는 것은 당신의 목표나 야망이 크다는 의미다. 원하는 무언가 있고 그 목표나 야망을 달성하기 위한 계획도 있다. 문제는 그것을 실행할 능력이 부족하다. 그렇다면 어떻게 해야 할까? 도와줄 누군가가 필요하다. 누군가를 찾아라. 배우든지 도움을 청하라는 신호다. 미루기는 혼자 힘으로는 한계가 있으니 어서 빨리 다른 사람을 참여시키라는 강력한 신호다.

미룰 때는 두 가지 선택지가 있다. 자신에게 '이거 어떻게 하지?'라고 묻는 것과 '누가 이 일을 도와줄 수 있을까?'라고 질문하는 것이다. 당연히 두 번째 질문이 중요하다. 방법보다는 누구에게 물어야 할지 누구와 함께 일할지를 물어야 길이 보인다. 댄 설리번과 벤저민 하디의 공저 『누구와 함께 일할 것인가』에 나오는 내용이다.

미장플라스

미장플라스Mise en Place는 요리할 만반의 준비가 다 된 상태다. 글을 쓸 때도 필요하다. 글 쓸 만반의 준비를 갖추면 막상 글 쓰는 건 그리 어렵지 않다.

민족

상상의 공동체다. 민족주의 이론 권위자 베네딕트 앤더슨의 생각이다.

밀레니얼 세대와 Z세대

조직에 대한 충성심이 없고, 돈에 민감하고, 이직을 자주 한다고 비판한다. 그러나 성장기에 부모가 외환위기로 구조조정을 당하고 커서는 평생직장이 보장되지 않는 저성장시대를 산 그들과 이전 세대를 수평 비교하는 건 무리가 아닐까? 세대 통역이 소통의 출발점이다.

세대 통역은 바로 상대 언행의 긍정적 의도를 읽고자 하는 노력이다. '이걸 왜요?'를 묻는 의도에는 일하기 싫다는 거부감도 있지만 일의 목적과 맥락에 대한 궁금증이 크다. '제가요?'는 자신이 이 일을 맡는 이유를 듣고 싶은 것이다. '왜요?'는 기대 효과에 대해 알고 싶다는 말이다. 정리하자면 구성원들은 목적성, 공정성, 예측 가능성에 대한 궁금증이 깔려 있다. 김성회, 박종하, 박찬구, 정다정 공저 『팀이 일하게 하라』에 나오는 내용이다.

발제

가장 좋은 학습 방법이다. 발제發題는 '쏠 발發'과 '제목 제題'가 합쳐져 만들어진 단어다. 제를 뜯어보면 '옳을 시是'와 '머리 혈頁'이 합쳐졌다. 옳은 쪽으로 머리가 간다는 말이다. 옳은 걸 뽑아서 얘기하는 것이다. 발제는 요약과 거기에 대한 내 의견의 합이다. 일단 요약을 잘해야 한다. 요약은 핵심을 뽑고 나머지는 버리는 것이다. 쉬워 보이지만 절대 쉽지 않다. 독서력, 문해력, 맥락을 읽는 힘, 중요한 것과 그렇지 않은 걸 구분하는 능력, 과감히 정리하는 결단력 등이 필요하다. 일정 수준의 지적 능력이 없으면 불가능하다. 요약한 걸 보면 그 사람이 어떤 사람인지 알 수 있다. 책을 읽을 때 어느 부위에 줄을 치느냐를 보면 그 사람을 알 수 있는 것과 같은 이치다.

다음은 거기에 자기 의견을 더할 수 있어야 한다. 이 역시 고도의 지적 축적이 있어야 가능하다. 누구나 생각하고 있지만 끄집어내기 어려운 그 무엇을 찾아야 한다. 자기 의견에 대한 근거도 대야 한다. 때론 기막힌 비유도 할 수 있어야 한다. 촌철살인으로 결론을 내릴 수 있어야 한다.

밥 세 끼를 제공한다는 것

야근이 상시화되는 조직이라는 뜻이다. 마인드 마이너 송길영의 저서 『그냥 하지 말라』에 나오는 내용이다.

백파이어 이펙트

어떤 이슈에 대한 반대 증거를 들이댈수록 그 사람은 기존의 이론을 더 강하게 주장한다. 역풍을 맞는다는 의미.

버킷리스트

현재를 미래의 목표 달성을 위한 단계로 축소해 현재를 고행으로 만드는 일. 소설가 백영옥의 생각이다.

번아웃

일에 대한 이상과 직업적 현실 간 틈을 메우기 위해 분투하다 오는 경험이다. 즉 높은 이상을 추구하는 사람에게 번아웃이 온다. 번아웃은 소진, 냉소, 무능의 결합물이다. 소진이란 에너지를 다 쓴 상태를 말한다. 냉소는 일을 문제로 보고 사람을 비인간적으로 대하는 것이다. 무능은 글자 그대로 일을 제대로 못 하는 것이다. 해소법은 일에 대해 너무 큰 의미를 주는 대신 일은 일일 뿐이라고 생각하는 것이나 노동시간을 제한하는 것 등이다. 조나단 말레식의 『번아웃의 종말』에 나오는 내용이다.

법인합병

똥에 건포도를 섞어도 똥은 똥이다. 뛰어난 회사가 엉망진창인 회사를 매수하면 후자가 전자를 갉아먹는다. 건포도에 똥을 섞은 완벽한 사례는 코카콜라의 영화산업 진출이다. 마쓰시타 전기나 씨그램도 영화산업에 진출했다. 패턴이 보이는가? 둘 다 엉망이 됐는데 해법은 엉망진창인 회사를 손절매하는 것뿐이다. 찰리 멍거의 생각이다.

변명

방법을 찾는 대신 그 일을 하지 못하는 1,000가지 이유를 찾는 행위. 열심히 했으나 결과는 나빴다는 걸 구차하게 설명하는 행위. 아무리 멋지게 포장해도 결국 성과가 없었다는 얘기. 변명을 멋지게 할수록 스스로 비참하게 하는 행위. 게으르고 일 못하는 사람들의 전유물. 자주 하면 성장을 멈추게 하는 것.

별다른 고민이 없다고

내가 생각하는 별다른 고민이 없다는 건 '정신이 잠자고 있는 것'이다. 마땅히 고민해야 할 걸 고민하지 않고, 노력해야 할 걸 노력하지 않고, 의심해야 할 걸 의심하지 않는 것이다. 어떻게 해야 할까? 잠자는 나를 깨워야 한다. 그래서 난 "늘 깨어 있으라."라는 말을 좋아한다.

별일 없다고

흔히 인사말로 "별일 없어요?"라고 물으면 대부분 "별일 없어요."라고 답을 한다. 근데 별일 없다는 말이 정확히 무슨 의미일까? 그저 주어진 대로 새로운 시도를 하지 않고 살아간다는 말이 아닐까?

난 가능하면 "별일 있다."라고 말한다. 그리고 그 별일에 관한 얘기를 하면서 얘기를 풀어나간다.

최근 6개월간 여러분에게 어떤 별일이 있었나? 별다른 별일이 없었다면 조만간 하고 싶은 별일에는 무엇이 있을까? 이를 위해 무엇을 준비하고 있는가? 별일 없는 인생은 어찌 보면 별 볼 일 없는 인생이다. 나는 별일 없는 인생보다는 다양하고 찬란한 별일 많은 인생을 살고 싶다.

보고

보고報告받을 사람이 알고 싶어하는 내용에 대해 보고할 사람이 정보를 취합하고, 분석하고, 요약해서 알려주는 행위다. 그렇기 때문에 보고받을 사람이 자신이 뭘 알고 싶어하는지 생각을 정리해 보고자에게 알려야 한다. 보고 행위의 주인공은 보고자가 아닌 보고를 받는 사람이다. 보고를 받을 사람이 먼저 자기 생각을 얘기해야 한다.

라면을 먹고 싶은지 짜장면을 먹고 싶은지 얘기해야 한다. 현실은 어떤가? 대부분 자기 생각을 얘기하지 않는다. 아니, 그게 자신의 역할이란 사실 자체를 인식하지 못한다. 상사의 취향을 모르는 상태에서 만찬을 준비하는 것과 같다. 그러면 뷔페를 준비해야 하는 직원들만 죽어난다. 언제 갑자기 무슨 요리를 찾을지 모르기 때문이다.

보수파

먼저 산 사람들의 수고를 잊지 않는 것. 작가 이문열의 생각이다.

보험

역경에 좌절하지 않도록 도와주는 것이다. 역경에 빠진 사람을 구해주는 동아줄 같은 존재다. 근데 역경에는 건강상 역경, 경제적 역경, 교육부재로 인한 역경이 있다. 당신은 현재 어디에 보험을 들고 있는가?

보험회사

리스크를 파는 곳이다. 그래서 리스크가 없거나 리스크에 대해 사람들이 두려워하지 않으면 이 비즈니스는 성립되지 않는다.

복기

복기復碁는 가지 않은 길을 탐색하는 것이다. '만약 이랬다면 어떨까?' '다른 수를 놓았다면 승패가 바뀌지 않았을까?' 그런 토론이 오간다. 복기가 중요한 건 대국 후 토론을 통해 상대의 아이디어를 알 수 있기 때문이다. 내가 전혀 몰랐던 점과 미처 생각하지 못했던 점에 관해 상대방을 통해 알게 된다. 이건 대단한 경험이다. 어떤 계기를 통해 사고의 틀이 와장창 깨지면서 머리가 뻥 뚫리는 경험이다. 다른 사람의 사고 체계를 받아들이면 머릿속에 혁명이 일어난다. 이게 가능해지려면 열린 마음을 가져야 한다. 누구나 지는 걸 싫어한다. 근데 진심으로 이기고 싶다면 이긴 사람에게 고개를 숙이고 배워야 한다. 하나라도 더 질문해서 그 사람의 아이디어를 내 것으로 만들어야 한다.

아플수록 복기해야 한다. 복기하는 이유는? 예의이기도 하지만 그게 효율적이기 때문이다. 패자는 어떻게든 자신이 패한 원인을 알아야 한다. 집에 가서 끙끙거리는 것보다 눈앞에 있는 사람에게 물어보는 것이 낫다. 승자는 기쁨에 들떠 있고 패자는 억울함과 분함으로 힘들다. 모든 감정을 억누르고 차분한 마음으로 복기하는 것은 힘들다. 특히 패자가 된 날의 복기는 몇 배로 힘들다. 상처에 소금을 뿌리는 것과 같다. 복기해야 무엇을 잘했고 무엇을 잘못했는지 정확히 알고 넘어갈 수 있다. 복기를 잘해야 같은 실수를 되풀이하지 않는다. 더 좋은 수를 연구해 다음 대국에 활용할 수 있다.

복기는 성찰과 자기반성이다. 겸손과 인내가 필요하다. 프로기사는 공격적 성향이 있지만 기본적으로 좋은 품성을 가졌는데 복기를 통해 꾸준히 자기성찰을 했기에 그 자리에 올랐다고 생각한다. 수없이 짓밟히다 보면 나라는 존재는 수많은 점 중 하나라는 생각을 하게 된다. 아파도 뚫어지게 봐야 한다. 아플수록 더욱 예민하게 봐야 한다. 실수는 우연이 아니다. 실수한다는 건 내 안에 그런 어설픔과 미숙함이 존재하기 때문이다. 실수를 인정하고 고치지 않는다면 영원한 미숙아로 살아갈 수밖에 없다. 바둑기사 조훈현의 저서 『고수의 생각법』에 나오는 내용이다.

부

"부는 원하는 것을 원하는 시간에 원하는 사람들과 원하는 만큼 할 수 있는 능력이다." 작가 모건 하우절의 말이다. "부란 독립심이다. 원하는 대로 살아가는 힘이다." 찰리 멍거의 말이다. 이것은 값으로 매길 수 없는 가치이며 그것이 돈이 주는 최고의 배당이다. 부는 눈에 보이지 않는다. 부는 구매하지 않은 좋은 차와 같은 것이다. 구매하지 않은 다이아몬드 같은 것이다. 차지 않은 시계이자 포기한 옷이며 일등석 업그레이드를 거절하는 것이다. 부란 눈에 보이는 물건으로 바꾸지 않은 금전적 자산이다. 부의 가치는 소비에 있지 않다. 부는 자유에 관한 것이며 독립에 대한 것이다. 원하는 시간을 원하는 대로 쓸 수 있는 자유. 원치 않을 때 원치 않는 일을 하지 않아도 되는 자유. 원치 않는 사람과 어울리지 않아도 되는 자유이다. 우리가 돈을 벌고 부자가 되어야 하는 이유는 바로 여기에 있다.

돈이 주는 가장 큰 혜택은 내 시간을 내 마음대로 쓸 수 있는 것이다. 시간에 대한 통제권이 중요하다. 은행에 있는 충분한 현금이 있으면 커리어를 바꾸고 싶을 때, 일찍 은퇴하고 싶을 때, 걱정으로부터 자유로워지고 싶을 때 자유롭게 선택할 수 있는 자유를 준다. 대단한 혜택이다. 만약 내 시간을 마음대로 쓸 수 없다면? 불운이와도 수용할 수밖에 없다. 기회가 와도 잡기 어렵다.

부담

한자로 '질 부負'와 '멜 담擔'이 합쳐져 만들어진 단어다. '짐을 지고 멘다.'라는 의미다. 난 장남이고 아내는 장녀다. 어머님과 장모님은 독립적으로 잘 사시는데도 그분들의 1차 책임은 우리 부부에게 있다. 늘 머릿속에 부담으로 남아 있다. 자식들도 손자도 기쁨인 동시에 부담이다. 아내도 부담이다. 그렇다고 혼자 살고 싶다는 말은 아니다. 내가 맡고 있는 수많은 프로젝트, 책 소개, 하기로 한 일 등도 부담이다. 국민으로서 지켜야 하는 납세나 국방의 의무 역시 부담이다.

부담은 기쁨과 짐이란 두 얼굴을 갖고 있다. 짐이 나를 힘들게 했지만 짐 덕분에 여기까지 왔다고 생각한다. 부담은 성장이란 얼굴을 하고 있다. 헬스장에서 무거운 역기를 드는 건 부담이지만 덕분에 근육이 생긴다. 흔히 부담된다면서 좋은 기회를 외면하는 사람을 본다. 부담이란 단어 자체를 힘들어하는 사람도 있다. 근데 세상에 부담이 없는 인생이 가능할까? 부담 없는 삶이 행복하기만 할까? 내가 생각하는 부담은 등산에서의 배낭과 같다. 무겁긴 하지만 배낭 덕분에 물과 음식도 갖고 갈 수 있고 배낭 덕분에 삶의 중심도 잡을 수 있다. 난 아무 부담 없는 홀가분한 인생보다는 적당히 부담스러운 인생을 살고 싶다.

분류 능력

특정 대상을 일정한 기준에 따라 나누어 이들의 상호관계를 파악해 각각이 전체에서 차지하는 위치를 명확히 하는 능력이다. 체계적으로 정리한다는 건 상호관계를 잘 생각해보고 그에 따른 각각의 위치를 정해보는 것이다. 분류는 하위대상으로 나누기도 하고 상위대상으로 모으기도 한다. 분석과 통합이 동시에 이루어진다. 분류는 분석과 통합을 동시에 하고 구분은 분석만을 한다. 모으는 통합과 나누는 분석이 지적 사고의 토대다. 잘게 쪼개기도 하고 크게 합하기도 하면서 현상을 이해하려고 노력한다. 부분을 보면서 동시에 전체를 보는 것이다. 연세대학교 임춘성 교수의 생각이다.

분석

어떤 현상이나 사물을 나누고 쪼개 보는 것, 알려진 정보를 바탕으로 알려지지 않은 정보를 찾아내는 것, 사건들 사이의 숨은 원리를 찾아내는 것, 가진 자의 전략을 내 것으로 만드는 유용한 기술이다. 론 프리드먼의 저서 『역설계』에 나오는 내용이다.

한자로는 '나눌 분分'과 '쪼갤 석析'이 합쳐져 만들어진 말이다. 사건이나 현상을 잘라 보는 사고를 말한다. 원인과 결과를 찾는 것이다. 문제 해결을 위해 그 문제를 구성하는 구성요소와 문제에 영향을 미치는 요인을 찾아가는 과정이다. 매켄지의 MECE 방식은 분석에 요긴하다. '상호Mutually 배제Exclusive 전체Collectively 포괄Exhaustive'의 약자인데 쉽게 말해 '중복 없이 누락 없이'다. 어떤 상황이나 사건을 하위 항목으로 나눌 때 그 항목들이 상호 배타적이면서(중복 없이) 합치면 완전체를 이루는 것(누락 없이)을 말한다.

가수 조용필은 어떤 뮤지컬을 12번 봤다고 한다. 분석을 위해서다. 한번은 무대만 보고, 한 번은 조명만 보고, 다른 한 번은 음악만

들었기 때문이다. 이게 분석이다. 넷플릭스의 드라마 「하우스 오브 카드」의 원동력은 분석력이다. 시청자를 철저히 분석해 어떤 에피소드를 좋아하는지, 어떤 구간을 반복해 보는지, 어떤 감독이나 배우를 선호하는지, 어떤 영화에 좋은 평점을 주는지 등등을 알아냈다.

불면

생각의 불을 끄지 못하는 것이다.

"의사 선생님의 처방전보다 제게 더 큰 영향을 준 것은 '불면증이 생기는 것은 수많은 생각의 불을 켜놨기 때문'이라는 따끔한 가르침이었습니다. 생각의 불이란 무엇일까요? 근심, 걱정, 분노, 고집, 비교 따위가 아닐까요? 저 역시 생각의 불을 꺼보려고 무던히 애써봤지만 끄려 할수록 더욱 불길이 치솟고 겨우 끄고 돌아서면 또다시 불길에 내던져지곤 했습니다. 불면증에 시달리던 시기 저는 명상을 하면서도 생각하지 않는 사람은 이미 사람이 아니고 스스로 유리한 생각을 하는지 불리한 생각을 하는지 분별해서 유리한 생각을 하는 게 지혜라고 생각했습니다. 선현들은 글을 통해 고요한 지혜의 불을 밝히라고 가르쳤습니다. 이런저런 생각으로 복잡한 불이 아니라 마음을 고요하게 다스려주는 지혜의 불꽃을 말하는 것이지요." 김홍신의 저서 『겪어보면 안다』에 나오는 내용이다.

불안

야망의 하녀다. 알랭 드 보통의 말이다.

빨간불이 켜진 신호등이다. 위험을 경고하고 위험에 대비하게 만든다. 빨간 신호일 때는 속도를 줄여야 한다. 한적한 도로에서는 번거로운 존재가 되기도 한다. 하지만 불편함보다 이로움이 훨씬 크다. 위험을 예측하게 만들고 위험에 대비할 수 있게 준비시킨다. 불안은 긍정적인 태도를 불러온다. 교만하지 않고 스스로 더 노력하게 만든다. 관계에서의 불안은 배려와 겸손으로 이어지기도 한다. 불안은 불편하나 꼭 필요한 감정이고 고마운 정서다. 김두식의 저서 『불편해도 괜찮아』에 나오는 내용이다.

불평

내 기대에 미치지 못할 때 나타나는 반응 중 하나다. 문제 원인을 내부보다는 외부에서 찾으려는 행위다. 문제를 해결하기 위해 불평하는 것으로 생각하지만 불평으로 문제를 해결할 수는 없다. 불평도 습관이다. 불평 대신 감사하는 마음을 가져라. 화가 난다고 불평을 쏟아내는 습관은 마치 밀폐된 엘리베이터에서 방귀를 뀌는 것과 같다. 당장은 시원할지 몰라도 금세 주변을 방귀 냄새로 오염시킨다.

배설물과 같다. 얻는 것도 없는 배설물 같은 이야기에 계속 빠져 있고 싶은 사람은 없다. 불평은 마음의 분풀이다. 서로에게 도움이 되지 않는다. 무엇보다 듣는 사람을 힘들게 한다.

불확실성

단단한 소수를 걸러내는 우주의 테스트다. 세상의 성취 그래프는 계단식이다. 노력해도 성과가 나지 않는 구간이 제법 많다. 이 구간이 불확실성 구간이다. 대부분 사람은 이 구간에서 탈락한다. 최인 아책방의 최인아 대표의 생각이다.

브랜드

브랜드는 사람이다. 오래 가는 좋은 브랜드가 된다는 건 좋은 사람이 된다는 것과 같다. 브랜딩의 첫 단계는 비즈니스 콘셉트를 돌아보는 일이다. 본질을 생각하는 일이다. 이 일이 세상에 존재해야 하는 이유를 매일 고민하는 일이다. 그래야 비로소 비즈니스의 본질이 드러나고 그 결과 기획이 선명해져서 디자인 결정이 쉽다.

존재 이유가 있어 널리 사랑받고 있는 의미 있는 대상이다. 그 무언가를 사랑하게 하는 것이다. 욕망하게 하는 것이다.

브랜딩

평범한 것을 비범하게 만드는 과정이다. 높은 가치를 더할 수 있어야 한다.

시간과 함께 가치를 축적해 나가는 작업이다. 가로축을 시간이라고 하고 세로축을 가치라고 할 때 브랜딩이란 장기적으로 우상향을 그리기 위한 작업이다. 당장 열매를 얻기 어렵고 단기적으로 이전보다 못할 수두 있지만 차근차근 가치를 축적해 결국에는 큰 가치를 이룬다. 축적의 힘을 전제로 한다. 최인아 대표의 생각이다.

비관적 낙천주의자

태생이 긍정적인 사람은 부정적인 상황이 오면 당황한다. 처음 자기 머릿속에 구상하지 않았던 게 나타나니 문제를 해결할 방법을 찾지 못해 우왕좌왕하며 얼뜨기같이 굴다가 십중팔구 거기서 무너진다.

그러나 처음부터 부정적으로 생각하고 온갖 상황을 미리 상상한 사람은 부정적인 상황이 와도 전혀 당황하지 않는다. 상대방이 안타를 치든 말든 내 표정이 바뀌지 않는 이유다. 위기가 와도 그냥 '올게 왔구나.'라고 생각한다. 그 순간 당황하는 대신 방법을 찾으려고 애쓴다. 김성근 야구 감독의 생각이다.

비만

축적에 따른 병이다. 한비자의 다장필후망多藏必厚亡을 생각해보라.
많이 쌓아두면 틀림없이 망한다는 말인데 비만도 그렇지 않을까?

비전

보이지 않는 것을 보는 기술이다. 미래를 앞으로 당겨오는 것이다.
"과거의 경험에서 얻은 통찰로 미래를 내다보는 것이다." 마일스
먼로 목사의 말이다. 어떻게 여기까지 흘러왔는지 분석한 다음 거기
에 통찰력을 발휘하면 미래를 내다볼 수 있다는 것이다. 정확한 상
황 파악을 바탕으로 지혜를 모으면 복잡한 문제도 핵심을 볼 수 있
고 해결할 수 있다.

비즈니스

고객 주머니에 있는 돈을 내 주머니로 옮겨오는데 그것을 고객이
모르게 하는 일이다. 그러기 위해서는 '내가 돈을 낸다.'라는 생각보
다 '내가 이러이러한 이득을 얻는다.'라는 생각이 앞설 수 있게 해야
한다.

비즈니스 인사이트

아직 충족되지 않은 숨겨진 욕구다. 불만이나 고통이 존재하나 본인조차 정체를 알아차리지 못하는데 그걸 얘기해 주는 것이다. 듣는 순간 "듣고 보니 그러네!" 하고 무릎을 치게 만든다. 공감과 발견의 곱셈을 통해 만들어진다. 호소다 다카히로의 저서 『컨셉 수업』에 나오는 내용이다.

비판

돈 주고도 사기 힘든 나와 다른 견해를 공짜로 얻는 일이다. 김용범 메리츠금융그룹 부회장의 생각이다.

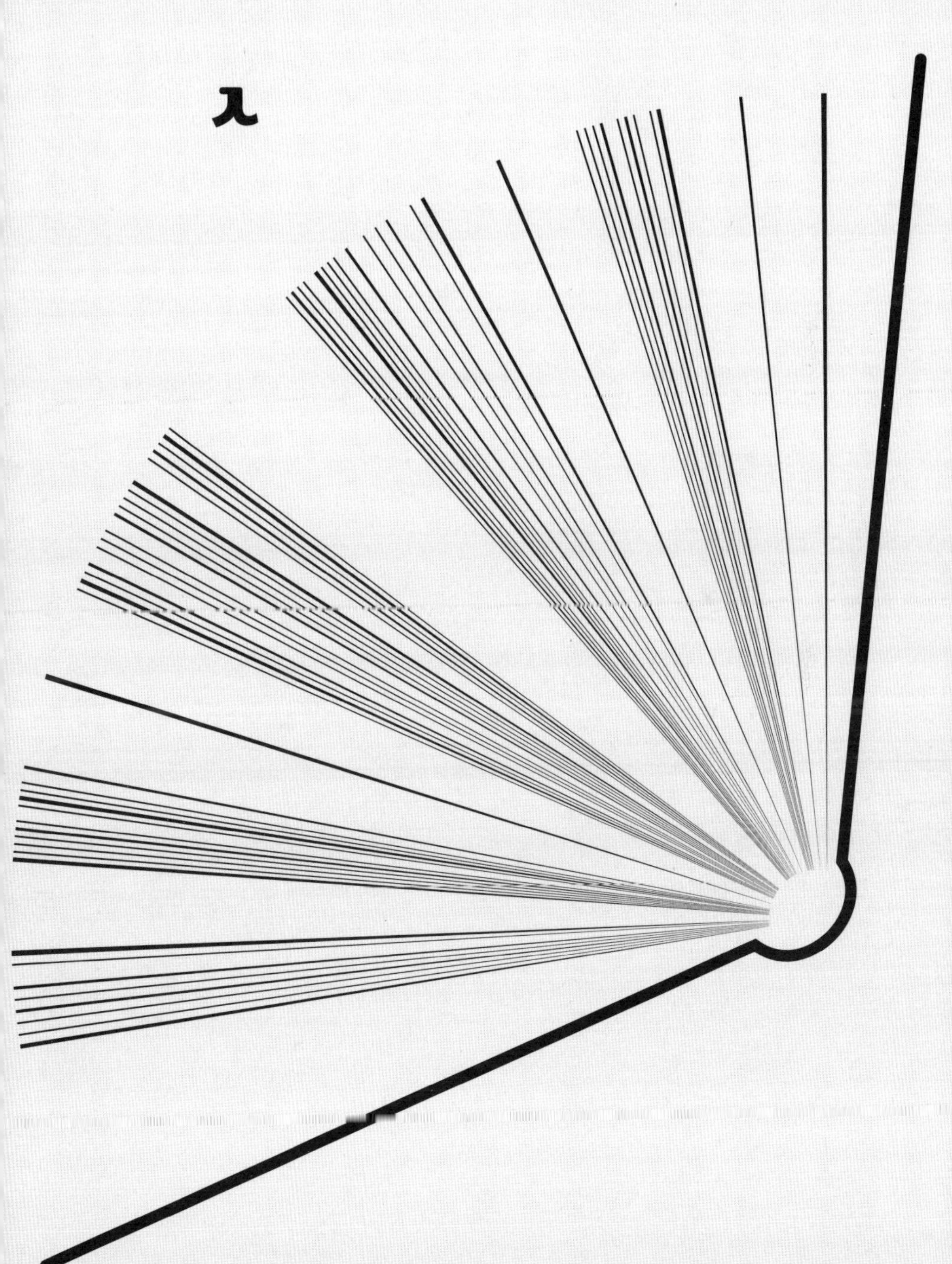
λ

사과

한자로 '쏠 사謝'와 '과오 과過'가 합쳐진 단어다. 단어 그대로 자기 잘못을 말로 얘기하는 게 사과다. 영어로 사과를 뜻하는 말인 어폴로지apology는 그리스어 '아폴로지아apologia'에서 유래했다. 떨어진다는 뜻의 '아포apo'와 말을 뜻하는 '로고스logos'가 합쳐진 말이다. '죄에서 벗어날 수 있는 말'이라는 의미이다. 사과해서 죄에서 벗어나라는 것이다. 사과를 통해 얻을 수 있는 가장 큰 이득은 그것을 통해 마음의 짐을 덜 수 있는 것이다. 근데 사과의 핵심은 무엇일까? 자신의 과오가 무언지를 정확하게 얘기해야 한다. 나의 이러이러한 면이 잘못되었다는 것이 전제되어야 한다.

근데 정치인들의 사과에는 그렇지 않은 경우가 많다. 말로는 사과하나 도대체 무엇을 잘못했다는 것인지가 없다. 핵심이 빠져 있다. 대신 변명으로 둘러댄다. '그러려고 한 게 아닌데 사람을 잘못 쓴 것 같다. 그 사람이 그럴 줄은 몰랐다.'라는 식이다. 참 기가 찬 일이다. 사과를 제대로 하지 못하면 일을 키운다. '변명으로 사과를 망치면 안 된다.'라는 격언을 기억하라.

사랑

나를 만난 그 사람을 행운아로 만들어주려는 끈질긴 노력이다.

사이코패스

불편한 감정을 느끼지 못하는 사람이다.

사주

인생의 큰 틀을 제공하는 네 개의 기둥으로써 운명의 행방을 푸는 단서이다. '전방 몇 미터 안에 방해물이 있어서 운전에 주의를 기울이시오.'라고 미리 알려주는 내비게이션과 같은 역할이다. 노상진의 저서 『운명에 만약은 없다』에 나오는 내용이다.

사진

서양인에게는 기억 재생을 도와주는 도구지만 우리에게는 내가 거기 갔다는 증거물이다. 그래서 우리는 사진 안에 반드시 내가 있어야 한다. 고려대학교 심리학과 허태균 교수의 설명이다.

그 시절로의 순간 이동이고 그 시절로 가는 타임머신이다.

사축

사축社畜은 회사와 가축을 합친 말로 자의와 무관하게 회사의 가축처럼 길들어져 온몸을 갈아 넣는 직장인을 말한다. 송길영의 저서 『시대예보』에 나오는 내용이다.

사회적 자본

인간 조직 사이에 형성된 신뢰trust, 진실성integrity, 단결성solidarity, 개방성, 투명성이다. 인간과 인간 사이, 인간과 조직 사이, 조직과 조직 사이 등 '사이'에 형성된 관계의 성격과 품질이다. 원자핵 속의 핵자들이 서로 반발하지 않고 단단히 결합하는 이유는 이들 사이에 무엇을 주고받기 때문이다. 중간자가 있는 것이다. 인간 사회에도 중간자 역할을 하는 무엇이 필요하다. 그것은 신뢰, 진실성, 단결성, 개방성 등일 것이다. 윤석철 서울대학교 명예교수의 생각이다.

삶

귀한 선물이다. 삶은 그 자체로 최고의 선물이다. 좋은 삶은 이야기가 많은 삶이다. 돈보다 이야기가 많은 삶이 좋은 삶이다. 어떻게 하면 이야기가 많은 삶을 살 수 있을까? 관심, 관찰, 관계가 필요하다. 첫째는 바로 관심이다. 일단 관심거리가 많아야 한다. 관심이 있으면 관찰하게 되고 그 결과 관계가 만들어진다. 나이가 들수록 하고 싶은 것도, 먹고 싶은 것도, 가고 싶은 곳도 없다는 말을 많이 하는데 그러면 안 된다. 대신 다양한 곳에 관심을 가져야 한다. 그리고 관찰하고 다양한 것들과 관계를 맺는 삶이 멋진 삶 아닐까? 김지수와 이어령의 공저『이어령의 마지막 수업』에 나오는 내용이다.

삼척동자

잘난 척, 아는 척, 있는 척하는 사람이다. 한국인이 가장 싫어하는 유형이다. 그 바탕에는 열등감 혹은 우월감의 욕구가 있다. 특히 자존감이 낮을수록 남들로부터 더 인정받고 싶어 한다. "현명한 사람은 다른 사람 마음속에 존경심을 잘난 척하는 사람은 경멸을 불러일으킨다." 톨스토이의 말이다.

새로운 것

다른 회사는 성과를 내고 있지만 우리 회사는 아직 하고 있지 않은 것, 다른 업계에서는 상식이지만 우리 업계에서는 아직 상식으로 자리 잡지 않은 것, 이미 있는 것을 새롭게 조합해서 바꾼 것 등이다. 고야마 노보루의 저서 『사장의 말 공부』에 나오는 내용이다.

생각한다는 것

글쓰기이다. 글을 쓰면 생각하게 되고 생각하는 게 있으면 글을 쓰면 된다. 그냥 뭔가를 생각하는 건 생산성이 떨어진다. 뭔가를 하는 것 같지만 아무것도 하지 않을 가능성이 높다. 그럴 때 글을 쓰면 생각의 품질이 올라간다. 글을 쓴다는 것은 생각을 형상화하는 작업이다. 글쓰기는 최고의 생각하는 도구이다. 글쓰기가 생각하는 것이고 생각하기가 글쓰기다.

생산적

집중력이 깨지지 않고 지속되는 시간의 합이다. 그 시간의 총합을 계산해 손으로 기록해보라. 총합이 적으면 창피한 일이다. 현재 당신이 하루에 집중할 수 있는 시간은 얼마나 되는가? 니시노 아키히로의 저서 『꿈과 돈』에 나오는 내용이다.

샤덴프로이데

남의 불행은 나의 행복이다. 남의 불행에서 은밀한 쾌감을 느끼는 것이다.

선

내 가치관을 명확히 하는 일이다. 진심으로 욕심내야 할 일이 무엇이고 욕심내지 말아야 할 일이 무언지를 인지하는 것이다. "선善은 방향이고 악은 방향의 결여이다." 오스트리아의 종교철학자 마르틴 부버의 말이다.

선물

선물은 '고기 선膳'과 '재물 물物'이 합쳐져 만들어진 단어다. 고기나 재물을 준다는 말이다. 왜 주는 것일까? '난 당신에게 관심이 있다.' '앞으로 잘 지내고 싶다.' '당신에게 진 신세를 잊지 않겠다.'라는 의미로 난 해석한다. 내가 생각하는 선물은 대인관계를 원활하게 하기 위한 윤활유 같은 것이다. 격조했던 관계를 풍요롭게 하는 두엄 같은 존재다. 얼굴만 아는 사이를 넘어 더 진도를 나가고 싶다는 초대장 같은 것이다.

뜻하지 않은 선물은 일상에 활기를 가져온다. 준 사람에 대해 새롭게 생각하게 돼서 새로운 끈이 만들어진다. 선물은 받는 기쁨도 크지만 주는 기쁨이 더 크다. 난 명절에 집안 어르신과 신세 진 사람들에게 꽃이나 음식을 선물한다. 헬스장 코치, 일하는 아줌마, 경비 아저씨 등 애쓴 사람들에게도 선물한다. 신간이 나올 때마다 지인들에게 선물한다. 수시로 필요한 사람들에게 필요한 돈이나 상품권 혹은 물건을 선물한다. 카톡 덕분에 생일을 맞이한 분들에게 내 책 중 그에게 적합한 책을 선물하는데 재미가 쏠쏠하다. 덕분에 그 사람 근황도 알게 되고 끊겼던 인연이 다시 생기는 거 같다.

선물이란 무엇일까? 선물 관련해서는 네 종류의 사람이 있다. 잘 주고 잘 받는 사람, 주지도 받지도 않는 사람, 주긴 하지만 받지 않는 사람, 받기만 하고 주지 않는 사람이 그것이다. 난 잘 주고 잘 받는 사람이 되고 싶다. 여러분은 어디에 속하는가? 혹시 선물과는 담을 쌓은 사람은 아닌가?

선발자

시장에 처음 진출하는 자가 아니라 시장에서 처음으로 의미 있는 변화를 끌어내는 자다. 아마존 창업자 제프 베이조스의 생각이다.

선택

고난도의 포기 행위다. 포기해야 집중할 수 있다. 죽도 밥도 안 되는 이유는 포기하지 않기 때문이다. 『생각의 지문』의 저자인 이동규 교수의 생각이다.

설거지

움직이는 명상이다. 메타 창업자 마크 저커버그의 생각이다.

설득

내가 하고 싶은 얘기를 상대가 듣고 싶어 하는 언어로 바꾸는 것
이다.

설화 사건

자신이 한 말이 상대에게 어떻게 들리는지를 인지하지 못해서 일
어나는 사건이다.

성격 차이

성격 차이란 욕구의 차이이다. 낯선 사람 만나는 걸 좋아하는 사
람과 낯을 심하게 가리는 사람, 집 안에 있으면 속에서 천불이 나는
사람과 집 밖보다는 집 안에 있는 걸 좋아하는 사람, 변화보다는 안
정을 추구하는 사람과 변화를 즐기는 사람, 말하기를 좋아하는 사람
과 웬만하면 입을 열지 않는 사람……. 이 모든 게 성격 차이다.

또 다른 하나는 견딜 수 있는 것과 견딜 수 없는 것이다. 집안의
모든 게 정돈돼야 하는 사람과 집안이 어질러져도 상관없는 사람,
약속 시간보다 먼저 가 있어야만 하는 사람과 늘 느긋한 사람…….
이 모든 걸 묶어서 성격 차이로 얘기한다. 성격 차이로 살기 어렵다

고 얘기하는데 난 동의할 수 없다. 사람은 모두 다른데 같기를 바라는 건 무모한 일이다. 난 오히려 성격 차이가 있는 게 좋은 궁합이라고 생각한다.

성공

남들에게 쓸모 있는 사람이 되는 것이다. 아놀드 슈왈제네거의 생각이다. 가장 즐기는 일을 존경하는 사람들 속에서 원하는 방식으로 할 수 있는 것이다. 브라이언 트레이시의 생각이다.

"진정한 성공이란 평화로운 상태에 놓이는 것이다." 알랭 드 보통의 말이다. 평화로운 상태를 얻으려면 주체의 삶을 회복하고 타인이 나를 이해하고 받아주기를 바라지 않아야 한다. 어떤 사람이 자신을 이해하지 못한다며 당신에게 화를 내고 있다면 어떻게 하겠는가? 왜 그가 화를 내는 것일까? 그는 당신의 이해 부족 때문에 화를 내는 것이 아니다. 자신의 불안을 이해받지 못하고 있어서 화를 내는 것이다. 대부분 화, 불안, 두려움은 이런 방식으로 존재한다.

자력과 타력의 합이다. 자수성가란 없다. 다른 사람들의 응원과 물심양면의 도움이 타력이다. 자력은 유한하나 타력은 무한하다. 타력의 출발점은 공헌이다.

좋은 습관의 반복이다. 아주 쉽고 누구나 할 수 있을 것 같지만 아무나 할 수 있는 건 아니다. 때와 환경과 노력의 결과물이다. 내가 생각하는 성공은 어제보다 나은 내가 되는 것이다. 세상에 조금이라도 도움이 되는 일을 하는 것이다. 나로 인해 한 사람이라도 행복한 것이다. 나만을 위한 삶에서 다른 사람을 위한 삶으로 전환하는 것이다. 영원히 살 것처럼 꿈꾸지만 내일 죽을 것처럼 오늘을 사는 것이다.

성실

시간을 가장 윤리적으로 쓰는 태도이다. 기자 김지수의 생각이다.

자기 위치에서, 자신이 가진 것을 이용해서, 자신이 할 수 있는 일을 하는 것이다. 무엇을 하겠다고 말하면 반드시 그것을 실천하는 능력이다.

성인

잘 들어주는 사람이다. 갑골문에서 '성_聖' 자는 큰 귀와 사람을 조합한 글자다. 고대에 성인이란 예민한 청각으로 적이나 위험한 동물이 어디에 있는지 감지하여 다른 사람들을 위험으로부터 보호해주는 사람이었다. 그들은 만물이 내는 작은 소리를 들을 수 있었고 다른 사람보다 먼저 신의 계시를 듣고 전달해줄 수 있었다. 또한 다른 사람들의 이야기도 잘 들어주었다. 그래서 잘 듣는 이들은 지혜롭고 영민하다는 평가를 받았다. 중국어 전문가인 이승훈 교수의 저서 『인생 어휘』에 나오는 내용이다.

성인 관련해 네 종류의 사람이 있다. 깨끗한 곳에 살면서 본인은 더러운 사람, 깨끗한 곳에 살면서 본인도 깨끗한 사람, 더러운 곳에 살면서 본인도 더러운 사람, 더러운 곳에 살아도 본인은 깨끗한 사람이다. 속세는 어떤 곳일까? 더럽고 타락했고 그 안에 사는 우리도 때 묻을 가능성이 높다. 어쩔 수 없는 일이다. 최악은 깨끗한 곳에 살면서 정작 본인은 더러운 것이다. 성직자나 교육자 같은 사람들이 타락할 때 이런 표현을 쓴다. 나 같은 일반인이 제일 선호하는 건 깨끗한 곳에 살면서 자신도 깨끗한 것이다. 별다른 노력 없이 주변에 잘 적응만 하면 된다.

그렇다면 성인군자란 어떤 사람일까? 내가 생각하는 성인군자는 더러운 속세에 살면서 자신은 깨끗함을 유지하는 사람이고 그걸 넘어 세상을 맑고 깨끗하게 해주는 사람이다. 이른바 처염상정_{處染常淨}이다. 오염된 곳에 살아도 자신은 오염되지 않는다는 뜻이다. 연꽃이 그런 존재다. 연꽃은 더러운 물에 살아도 자신의 꽃이나 잎에는 그 더러움을 묻히지 않는다. 여러분은 어디에 속하는가?

성추행

이성의 관심을 끄는 데 실패한 인간들이 벌이는 지질한 최후 행동이다. 능력은 안 되는데 욕정만 살아남은 인간들의 최후 발악이다. 자기의 성적 즐거움을 위해 상대의 모든 걸 짓밟는 행위다. 매력 제로에 가진 거라고는 돈과 권력뿐인 저질 인간이 약자를 대상으로 자주 벌인다.

세일즈맨

다른 사람의 마음을 움직여 자신이 원하는 바를 이루고자 하는 사람들이다. 대통령은 정책과 비전을 파는 세일즈맨이다. 소설가는 이야기를 판다. 목사는 '설교'를 판다. 다니엘 핑크의 생각이다.

센스

쓸데없는 일을 하지 않는 것이다. 센스가 없는 건 쓸데없는 일이 뭔지 모르는 것이다. 디자이너 아키타 미치오의 저서 『기분의 디자인』에 나오는 내용이다.

소박

소박疏薄은 '틀 소疏'와 '엷을 박薄'이 더해져 만들어진 단어다. 필터가 엷거나 없다는 뜻으로 보면 좋다. 안팎이 별로 다르지 않다는 의미로 해석해도 좋다. 한 마디로 꾸밈없고 거짓 없고 수수하다는 뜻이다. 내가 생각하는 소박은 꼭 필요한 것만 있는 것이다. 불필요한 것을 없앤 것이다. 당연히 소유에서 자유롭고 정말 중요한 것을 볼 수 있다. 남들이 보지 못하는 걸 볼 수 있다.

소유

자아의 확장이다. 소유가 즉 정체성이다. 프랑스 철학자 장 폴 사르트르의 생각이다.

소통

사람들 간 생각이나 감정 등을 교환하는 총체적인 행위다. 쉽고 단순하게 핵심을 말해야 한다. 상대의 흥미를 불러일으킬 수 있어야 한다. 말이 통하면 모든 게 통한다. 말이 안 통하면 연애는 불가능하다. 비즈니스도 마찬가지다. 어떤 이는 말 한마디에 천 냥 빚을 갚고 또 다른 이는 말 한마디에 천 냥 빚을 진다.

송무백열

만약 친구의 승진이나 축하할 일이 있을 때 어떤 말을 하면 좋을까? 뻔한 축하 말보다 좀 있어 보이는 말이 없을까? 이럴 때는 송무백열松茂栢悅이란 말을 추천한다. 소나무가 무성하면 잣나무가 기뻐한다는 말이다. 친구의 기쁨이 내 기쁨이란 말이다. 사람은 언어로 생각하고 언어로 소통한다. 그래서 언어의 한계가 곧 그 사람의 한계다. 가장 좋은 공부는 언어 공부다. 특히 한자 공부가 도움이 된다.

송별회

떠나는 자를 위한 자리 같지만 사실은 남아 있는 자를 위한 자리다. 좋은 이별을 위한 모임이다. 나도 잘살면 이런 송별회를 받을 수 있다는 기대를 주는 자리이다. 그런 면에서 환영회보다 송별회가 더 중요하다. 송별회의 유무와 성대함을 보면 그 조직이 어떤 조직인지 조금은 알 수 있다.

쇠약함

특정한 증상이 아닌 결함의 누적이다. 마시 코트렐 홀과 엘리자베스 엑스트롬의 공저 『살아가는 힘은 어디에서 나오는가』에 나오는 내용이다.

수다

입의 산책.

수용력

뼈아픈 조언을 받아들이는 능력.

수익

리스크를 감수한 대가로 얻는 것이다. 1955년 52세에 맥도날드를 설립한 레이 크록은 "바닥에 놓인 줄 위를 걸어가는 건 서커스가 아니다."라고 했다. 서커스의 묘미는 아슬아슬함에 있다. 비즈니스도 그렇다. 수익이란 리스크를 감수한 대가로 얻는 것이다. 리스크가 클 때가 리스크가 가장 작을 때다. 남들이 욕심낼 때 두려워하고 남들이 두려워할 때 욕심을 내야 한다.

수학

순수 논리를 단어의 치장 없이 나타내는 언어다. 노벨상 수상자 커트 고델의 생각이다.

숙론

숙론熟論은 '누가 옳은가?'가 아니라 '무엇이 옳은가?'를 찾는 과정이다. 어떤 문제에 대해 함께 숙고하고 충분히 의논해 좋은 결론에 다가가는 행위다. 상대를 궁지로 몰아넣는 말싸움이 아니라 서로의 생각이 왜 다른지 궁리하는 것이고 어떤 문제에 대해 함께 숙고하고 충분히 의논해 좋은 결론에 다가가는 것이다. 지금 우리에게 가장 부족한 것이자 필요한 것은 무엇일까? 마주 앉아 제대로 하는 대화다. 이기기보다 이해하는 대화다. 일방 지시가 아니라 쌍방 대화다. 자기 목소리만 높이기보다 낮은 목소리를 경청하는 대화다. 모욕하기보다 모색하는 대화다. 굴복시키기보다 회복하려는 대화다. 무너뜨리기보다 무릅쓰고 합의하려 애쓰는 대화다. 천둥 치듯 윽박지르기보다 찻잎처럼 우러나는 대화다. 그런 대화들의 합이 숙론이다. 최재천 교수의 저서 『숙론』에 나오는 내용이다.

쉽게 읽힌다

내 책에 대한 가장 많은 피드백은 "잘 읽힌다." "술술 잘 넘어간다."라는 말이다. 내가 생각해도 내 글은 잘 읽힌다. 말하는 것처럼 쓰기 때문이다. 누구를 위해 그런 게 아니라 나 자신이 조금만 어렵게 말하거나 쓰면 이해하지 못하기 때문에 벌어진 일이다. 난 확실하게 이해하고 이해한 걸 최대한 쉽게 쓰려고 노력한다. 중학생 정도가 쉽게 이해할 수 있는 글을 쓰는 게 목적이다.

근데 쉽게 읽힌다는 게 정확하게 어떤 뜻일까? 쉽게 쓰고 싶다고 쉽게 쓸 수 있을까? 그 내용을 완벽하게 이해하고 자기 것으로 했을 때 가능한 일이다. 잘 모르는 걸 설명하면 말이 길어지고 말하는 나조차 무슨 말인지 모르는 경우가 많다. 잘 읽히는 글을 위해서는 완벽한 자기화의 과정이 필요하다. 읽고 보고 경험한 것만으로 부족하고 그걸 자기만의 언어로 다시 풀어내는 과정이 있어야 한다. 근데 꽤 많은 사람이 그걸 어려워한다. 연습 부족 때문이라고 생각한다. 자꾸 해보면 되는데 그 노력을 안 하는 것이다.

스몰토크

잡담하는 능력이다. 말을 건네고 남이 건넨 말에 잘 반응하는 능력이다.

"힐러리 여사를 수행하며 통역을 한 이후에도 스몰토크의 달인들을 여럿 만났다. 하지만 나는 여전히 힐러리 여사가 부여준 스몰토크의 기억을 잊을 수가 없다. 그녀의 스몰토크는 철저한 프로 정신에서 나온 정성이자 노력의 결과였다. 한 공간에 함께 있을 사람들에 대한 배려이자 자신이 맡은 역할에 대한 책임감 있는 태도이기도 했다. 세상은 다양한 사람들이 얽혀 살아가는 곳이다. 그리고 사람은 언어로 소통하고 이어진다. 서로에 관한 관심을 잃지 않고 따뜻한 마음으로 건네는 스몰토크가 많아져 함께 살아가는 세상이 더 밝아졌으면 하는 바이다." 동시통역사 임종령의 저서 『베테랑의 공부』에 나오는 내용이다.

스승

생사를 건네주는 사람이다. 죽음이 무엇인지를 알려주기 위해 생사를 공부하는 사람이 스승이다. 죽음의 강을 건널 때 겁먹고 급류에 휩쓸리지 않도록 이쪽으로 바지만 걷고 오라고. 시인 이성복의 생각이다.

스트레스

몸의 평형상태를 깨려고 위협하는 모든 요인이다. 근데 나쁜 것만이 아니다. 반응하라는 도전이고 적응하라는 요구다. 세포의 활동을 시작하게 하는 스파크다. 존 레이티 하버드대학교 의대 교수의 저서 『운동화를 신은 뇌』에 나오는 내용이다.

슬러지

사람들이 원하는 바람직한 결과를 얻기 어렵게 만드는 선택 설계의 측면이다. 20쪽 분량의 서류 양식을 작성하지 않고는 재정 지원을 받을 수 없는 것, 면접을 네 번씩이나 보지 않고는 학생 비자를 받을 수 없는 것. 백신을 맞기 위해 웹사이트를 돌아다녀야 하고, 온갖 온라인 서식과 서류의 빈칸을 채워야 하고, 자동차를 타고 멀리

떨어진 병원을 찾아가 2시간 동안 기다려야 한다면 슬러지를 당하고 있는 게 확실하다. 리처드 H. 탈러의 『넛지』에 나오는 내용이다.

슬럼프

운동선수는 두 가지를 염려한다. 부상과 슬럼프다. 그런데 슬럼프란 무엇일까? 내가 생각하는 슬럼프는 목표 상실이다. 자기가 왜 이 일을 하는지 이유를 모르거나 이유를 알아도 정확한 목표지점을 상실하는 것, 혹은 목표에서 눈을 뗀 것이 슬럼프다. 잘 나가던 사람이 은퇴 후에 비실비실한 모습을 보면서 그것도 일종의 슬럼프가 아닐까 생각한다.

그렇다면 직장인에게 슬럼프는 무엇일까? 내가 생각하는 직장인의 슬럼프는 '회사 다니기 싫다.'이다. 사실 그는 한 번도 회사 다니고 싶은 적이 없다는 말이 맞다.

시

말로 그려내는 그림이다. 시詩를 읽으면 뭔가 뚜렷하게 떠올라야 한다. 고려 시대의 문신 이규보의 생각이다.

시기심

남의 우월함에 대해 느끼는 불쾌한 감정이다. 부러움의 사촌이다. 못 먹는 감 찔러보기이다. 갖고 싶지만 가질 수 없을 때 생기는 심술이다.

시성비

시간과 가성비가 합쳐진 말이다. 시간 대비 효율성을 중시한다는 표현이다.

시인

곡비哭婢다. 대신 울어주는 사람이다.

시작

가능성이다. 모든 게 열려 있는 상태다. 희극이 될지 비극이 될지 알 수 없다. 시작은 에너지 100%의 충만한 상태다. 끝은 받아들임이다. KBS 김병용 기자의 생각이다.

시험을 망쳤다

이게 무슨 말일까? 원래는 공부를 잘하고 시험도 잘 봤는데 그날 컨디션이 나빠서 실력 발휘를 못 했다는 것일까? 그런 것 같지는 않다. 그렇다면 수석을 한 친구도 원래는 공부도 못하고 그저 그랬는데 그날 갑자기 컨디션이 좋아져 수석을 해야 한다. 그렇다면 시험을 망쳤다는 건 무슨 뜻일까? 원래 공부를 못했으나 그 사실을 혼자만 알고 있다 공개적 시험을 통해 만천하에 공개되었고 그런 사실을 망쳤다는 말로 호도하는 것 아닐까? 당일 시험을 못 본 게 아니라 원래 공부는 잘하지 못했다는 거 아닐까?

난 핑계를 좋아하지 않는다. 특히 컨디션 핑계 따위는 믿지 않는다. 컨디션 조절을 잘하는 것이 바로 실력이라고 생각하기 때문이다. 프로선수 중 컨디션 조절에 실패했다고 하는 사람을 본 적은 없다.

신뢰

일하는 사람들 사이에 유통되는 화폐와 같다. 화폐는 모든 사람이 믿어주면 돈으로 활용된다. 하지만 믿어주는 사람이 없으면 휴지 조각에 불과하다. 어떤 경우라도 심지어 내가 큰 손해를 감당해야 하더라도 신뢰를 지켜야 한다. 신뢰는 누가 나에게 선심 쓰듯 주는 것이 아니라 내가 스스로 얻는 것이기 때문이다. '크레더빌리티'는 어

떤 경우라도 지켜져야 한다. 임종령의 저서 『베테랑의 공부』에 나오
는 내용이다.

'신뢰는 기꺼이 약해지겠다는 마음이다. 즉 누군가 내게 해를 끼
칠지도 모르는 위험을 기꺼이 감수하겠다는 마음이다.' 린다 스트로
의 말이다. 신뢰의 특징은 일관성이다. 변수가 적은 사람이 믿을 만
한 사람이다. 다음은 진실성이다.

신명

에너지다. 에너지는 유한하다. 효율적으로 에너지를 써야 한다.
방법은 선택과 집중이다. 선택이 앞이고 집중이 뒤다.

신앙

증거가 없어도 심지어 반대의 증거가 있음에도 불구하고 맹목적
으로 믿는 것. 영국의 진화생물학자 리처드 도킨스의 생각이다.

신용카드

미래 소득을 미리 당겨 현재 쓰는 것.

신용통장

예금통장의 신용 버전이다. 현재 자신의 신용치를 드러내 기록해 지금 내 신용이 어느 정도이고 이번 달에는 신용을 얼마나 사용했는지를 볼 수 있는 통장이다. 일본 문화계의 이단아 니시노 아키히로의 저서 『혁명의 팡파르』에 나오는 내용이다.

실력

흔히 실력이 있다거나 없다고 얘기한다. 보통은 좋은 학교를 나왔거나 의대나 법대를 나와 의사가 되거나 판사나 변호사를 보면서 실력을 연상한다. 학력과 실력은 완전히 다르다. 좋은 학교를 나왔다고 실력이 있는 것도 아니고 학력이 짧다고 실력이 없는 건 아니다. 여러분이 생각하는 실력의 재정의는 무엇인가?

내가 생각하는 실력은 다음과 같다. 분위기를 파악해 현 상황을 객관적으로 파악하는 능력, 뭐가 문제이고 뭐가 현상인지 알아내고 일의 우선순위를 알아내는 능력, 내가 할 일과 남이 할 일을 구분해 자신이 할 건 자신이 하고 위임할 일은 적합한 사람을 찾아 그에게 과감하게 위임하는 능력, 지금 할 일과 나중에 할 일을 구분하는 능력, 모순처럼 보이는 일을 잘 처리하는 능력이다. 어려운 상대와도 쉽게 얘기를 주고받을 수 있는 것도 쉽게 친해지는 것도 실력이다. 마음 문을 열어 그가 하고 싶지 않았던 얘기를 끌어내는 것도 실력이다. 목표를 세우고 이를 달성하는 건 중요한 실력이다.

목표를 세우는 것도 실력이다. 단기 목표를 추구하면서 동시에 장기 목표를 추구하는 것도 실력이다. 인간적이지만 동시에 냉정할 때는 냉정할 수 있는 것과 맺고 끊을 수 있는 것도 실력이다. 몰입할 때 몰입하고 풀어질 때 풀어지고 시간의 품질에 따라 적절한 일을 배치하는 것도 실력이다. 복잡해 보이는 콘텐츠의 맥락을 파악해 요점을 정리하고 이를 말과 글을 통해 잘 전달하는 것도 실력이다. 적재적소에 필요한 제안과 비평과 답을 할 수 있는 것도 실력이다. 다양한 주제에 대해 자기만의 의견이 있는 것도 실력이다. 당신이 생각하는 실력은 무엇인가? 실력이 없다는 것의 정의는 무엇인가? 당신은 어떤가?

실용지능

뭔가를 누구에게 말해야 할지, 언제 말해야 할지, 어떻게 말해야 최대의 효과를 거둘지 아는 능력이다. 즉 이해하고 아는 능력이 지능지수라면 그것을 어떻게 표현할지 아는 방법에 관한 능력이 바로 실용지능이다. 미국의 뇌신경과학자이자 인지심리학자인 로버트 스턴버그의 설명이다.

실패

아직 성과가 나지 않은 시도다. 근데 실패에는 두 종류가 있다. 도전 과정에서 무언가를 배울 수 있는 좋은 실패와 부주의로 같은 실패를 반복하는 나쁜 실패가 그것이다.

썸

좋아하는 감정이 있다는 확신과 의심 사이의 투쟁이다. 그러다 의심의 농도가 점차 옅어져 확신만 남으면 비로소 사랑이 시작된다. 이기주의 저서 『언어의 온도』에 나오는 내용이다.

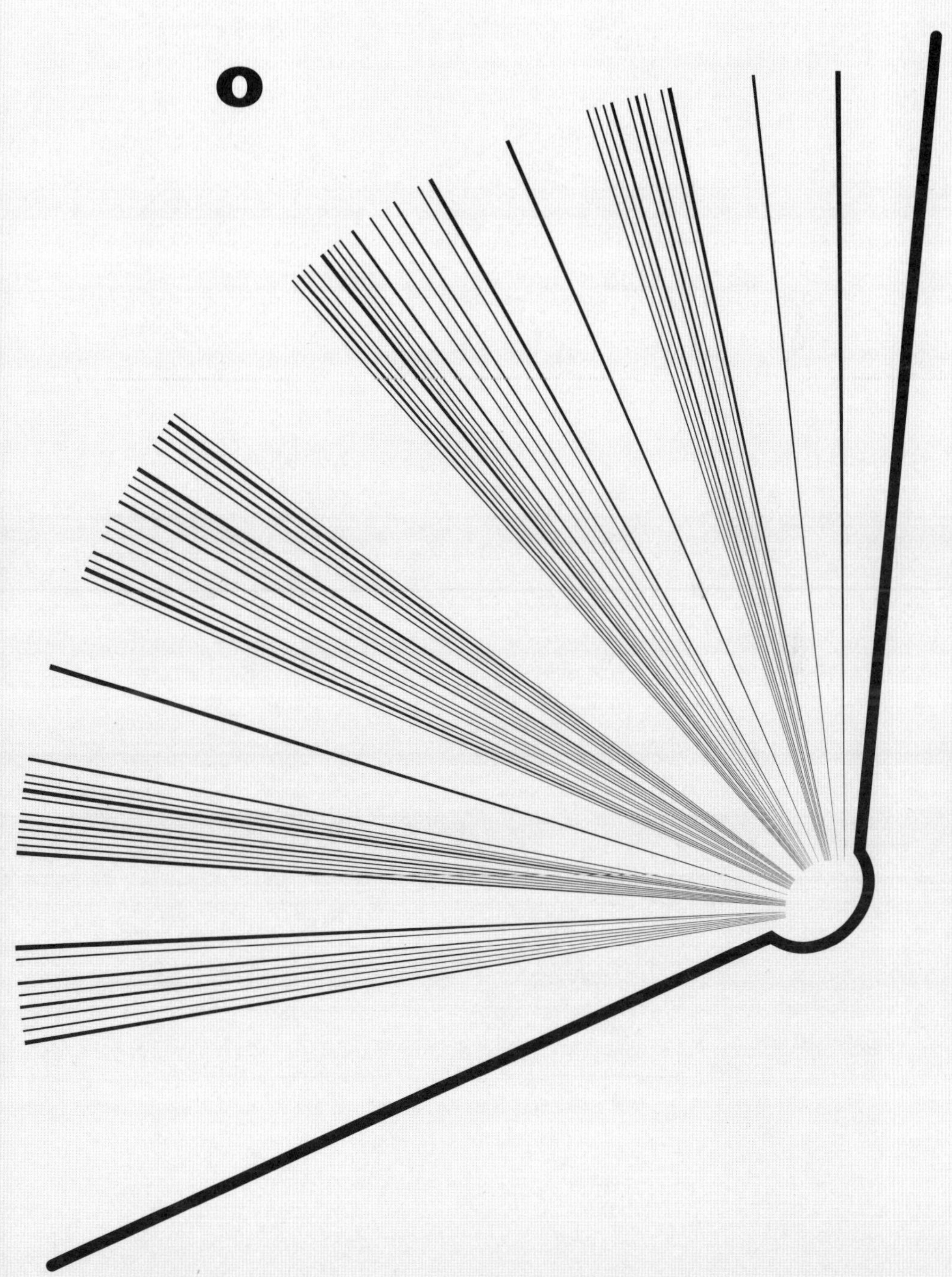
o

아우라

자기 일에 몰입하는 사람에게서 볼 수 있는 후광.

아이

한없이 힘들게 하지만 사랑할 수밖에 없는 존재, 늘 떠받들지만 그런 내게 조금도 감사한 마음을 갖지 않는 존재, 세상에는 내 맘대로 할 수 없는 일이 있다는 사실을 알게 해주는 존재, 교만한 나에게 겸손을 가르쳐주는 존재. 나만을 사랑하던 내게 진짜 사랑이 무언지 가르쳐주는 존재, 그를 위해서라면 죽을 수도 있다는 사실을 알게 해주는 존재, 혼자만의 시간이 소중하다는 걸 알게 해주는 존재, 혼자만의 시간을 그리워하게 만들지만 조금만 지나면 다시 생각나게 하는 희한한 존재, 내 존재의 이유를 알게 해주는 존재.

아재 개그

남을 웃기려고 하는 개그지만 사실 나를 웃기려고 하는 개그, 남을 위한 거 같지만 사실 내가 좋아서 하는 개그, 웃어주면 고맙지만 웃지 않아도 상관없는 개그다. 딸들은 질색하지만 나도 모르게 나오는 내 본능. 나를 웃겨주는 사람이 없으니 나라도 나를 웃기기 위해 하는 개그다. 나 살자고 하는 개그지만 남을 살릴 수 있다는 믿음으로 하는 개그다.

악

'악'에 해당하는 히브리어 '라ra'는 '질서가 깨진' '억지스러운'이라는 의미다. 악은 미움, 시기, 경멸, 불의와 같은 감정에 사로잡혀 마음의 갈피를 잡지 못하는 혼돈이다. 더 나아가 자신의 부족함을 남의 탓으로 돌리는 비겁함이다. 종교학자 배철현의 저서 『정적』에 나오는 내용이다.

생각하지 않는 무사고가 악이다. 홀로코스트의 생존자이자 정치

철학자 한나 아렌트의 생각이다.

안전지대

내가 가장 편안하게 생각하는 장소나 행동이나 일이다. 그곳에 머물면 편안해서 떠날 생각을 하지 않는다. 잠시 머무는 건 괜찮지만 그곳에 계속 있는 건 위험하다. 안전지대에 오래 머무는 것이 제일 불안전하다. 누구나 안전지대를 갖고 있다. 어떤 사람은 예전 방식대로 사는 것, 어떤 사람은 바쁜 것, 매번 만나는 사람을 만나는 것, 흘러간 옛 노래를 계속 부르는 것, 수많은 회의 역시 안전지대다.

안전지대에 머물면 안전한 것 같지만 사실 발전과 변화가 없다. 가장 큰 문제는 안전지대에 머물면서 자신이 안전지대에 있다는 사실을 인지하지 못하는 것이다. 여러분의 안전지대는 어딘가? 거길 나올 생각은 없는가? 본인이 안전지대에 머문다는 사실을 인지하는가?

알고리즘

핵심을 뽑아내는 기술이다. 무엇이 핵심인지를 뽑고 정렬하고 순서를 매기는 과정이다. 인공지능도 알고리즘 설계를 어떻게 하느냐에 따라 품질이 좌우된다. 브라이언 크리스천과 톰 그리피스의 공저

『알고리즘, 인생을 계산하다』에 나오는 내용이다.

암

암은 변형된 나 자신이다. 내가 싫어하는 자기의 모습이다. 암은 몸의 일부이지만 생존을 위해 스스로 변화시키며 질서를 깨뜨린다. 암은 생명과 죽음이 하나의 흐름 속에 있음을 보여주는 존재다. 암과 싸우는 과정을 통해 죽음과 질병이 삶의 일부로 존재한다는 사실을 받아들이게 된다. 암과의 싸움은 변해버린 나와의 싸움이다.

암에 걸린 것이 불행이 아니라 암에 걸리지 않고 살아 있는 것이 기적이다. 우리가 당연하게 여겼던 모든 건 당연하지 않다. 김범석 교수의 저서 『죽음은 직선이 아니다』에 나오는 내용이다.

암송

말씀을 마음에 새기는 행위다. 유대인들은 『토라』와 「시편」을 소리 내어 읽으며 그에 맞추어 몸을 흔들면서 기도한다. 『성경』 암송을 신앙의 기초로 한다. 먼저 암송으로 익히고 나중에 뜻을 알면 된다고 생각한다. 신앙의 기초는 『토라』와 「기도서」 암송으로 여호와를 예배하는 것이며 신앙의 기초 위에 2인 1조의 『탈무드』 공부를 통해 하느님에 대한 지식을 서로 나누며 토론하는 것이다. 암송할 때는 아이들이 말을 배울 때와 같은 현상이 일어난다. 홍익희 교수의 설명이다.

애정결핍

애정을 받지 못해 생기는 병이 아니라 애정을 주지 못해 생기는 병이다. 드라마 작가 노희경의 생각이다.

약자

자기만의 언어를 갖지 못한 자. 자기 의견이 없는 자.

어른

내가 틀릴 수도 있다고 생각하는 사람. 김윤덕 기자의 생각이다.

답하기 어렵다. 번뜩 떠오르지 않는다. 근데 어른이 아닌 사람이 누군지는 알 수 있다. 우선 남 탓하는 사람이다. 쉰이 넘어서도 부모 탓하는 사람, 자신은 열심히 살았는데 사회구조 때문에 "이번 생은

망했다."라고 부르짖는 사람, 자신을 돌아보지 못하고 늘 불평만 하
는 사람은 어른이 아니다.

　내가 생각하는 어른은 자기 인생에 책임을 지는 사람이다. 자신을
넘어 남에게 관심과 사랑을 줄 수 있는 사람이다. 대의를 위해 손해
를 감수하는 사람이다. 자신이 하기 싫은 일을 남에게 시키지 않는
사람이다. 나이 먹은 걸 내세우는 대신 남이 먹은 음식값을 치르는
사람이다. 자기주장 대신 남의 얘기를 들으려 노력하는 사람이다.

어쩌다 보니 여기까지 왔네

　아무 생각 없이 살았다는 것의 다른 표현이다. 이렇게 살고 싶지
않았는데 이렇게 되고 말았다는 탄식의 말이다. 다른 삶을 살고 싶
었는데 여의치가 않았다는 말이다. 참 슬픈 얘기이다. 난 그런 사람
들에게 이렇게 되묻고 싶다. "만약 시간을 되돌릴 수 있다면 어떤 일
을 하고 싶은가? 변화의 기회가 없었는가? 그때는 몰랐지만 지금
생각하면 기회인 것에는 무엇이 있는가? 젊은 사람들에게 어떤 말
을 해주고 싶은가?" 정말 이런 말은 하고 싶지 않다. 대신 난 내가
생각하는 대로 살아왔고 지금도 그렇게 살고 있고 앞으로도 그렇게
살다 갈 것이라고 외치고 싶다.

언리시

가능성과 잠재력은 새로 만들어가는 것이 아니라 이미 존재하는 것이다. 다만 부정적이고 편견 어린 시선에 꽁꽁 묶여 있어 자유로이 쓰지 못했을 뿐이다. 가능성과 잠재력은 누구에게나 어디에나 있다. 이를 그냥 지나치지 않고 재발견하고 재정의하는 것이 바로 '언리시unleash'다. 또한 언리시는 내게 없는 것을 새로 만들거나 갖추려 하는 대신 이미 가진 걸 다시 해체하고 재결합하는 일이다. 그리하여 아무도 보지 못한 가치와 가능성을 새로이 발견하는 일이기도 하다. 조용민 작가의 『언리시』에 나오는 내용이다.

언어

소통의 수단을 넘어선 사유의 수단이다. 우리는 언어로 생각한다.

얼굴

마음의 거울이다. 마음이 겉으로 드러난 게 얼굴이다. 얼굴을 보면 그 사람이 어떤 사람인지 조금은 짐작할 수 있다. 그래서 마흔 이후의 얼굴은 자신이 책임져야 한다.

엄두

어원은 염두念頭다. 맨 처음 생각을 말한다. 염두에 둔다는 말은 생각에 두고 있다는 말이다. 엄두를 못 낸다는 말은 생각의 처음조차 꺼내지 못한다는 말이다. 감히 그 생각조차 할 수 없다는 말이다.

에고

에고Ego는 '내가 누군지 알아?'라고 생각하는 마음. 나만 보느라 남을 보지 못하는 것. 세상에는 나 이외에 중요한 건 없다고 생각하는 것.

에디터

자기가 좋아하는 것 중에서 좋은 걸 골라낼 줄 아는 사람이다. 조수용 매거진 『B』 발행인의 생각이다.

여행

지금 이곳을 떠나 내가 있던 곳을 다시 보는 것이다. 이곳에서는 이곳이 보이지 않는다. 떠나야 볼 수 있다. 일도 그렇다. 일에만 매몰되는 대신 일을 떠나보면 비로소 일이 내게 어떤 의미인지 알 수 있다.

흐릿한 현실에 초점을 맞춰주는 교정 렌즈 세트다. 여행하지 않는 사람은 자신의 가치가 보편적이라고 생각한다. 렌즈가 하나밖에 없다 보니 자기 나라는 잘 보이는데 남의 나라는 잘 보이지 않는다. 뿌옇게 보인다. 여행을 아무리 많이 가도 관찰력과 공감 능력이 없으면 새로운 렌즈를 얻을 수 없다.

생각의 산파다. 눈앞에 보이는 것과 머릿속에서 떠오르는 생각 사이에는 기묘한 상관관계가 있다. 때때로 큰 생각은 큰 광경을 요구하고 새로운 생각은 새로운 장소를 요구한다. 다른 경우라면 멈칫거리기 일쑤인 내적 사유도 흘러가는 풍경의 도움을 얻으면 술술 진행되어 나간다. 알랭 드 보통의 저서 『여행의 기술』에 나오는 얘기다.

역량

그 어떤 실제의 일도 해내는 능력의 합. 임춘성 연세대학교 교수의 생각이다.

열등감

우월감의 반증이다.

영생

순간을 영원처럼 사는 것이다.

영적

내가 생각하는 영적인 것의 정의는 '내가 우주와 연결되어 있다. 나 혼자 잘살 수는 없다. 남이 잘돼야 나도 잘될 수 있다. 나만 잘되려는 걸 넘어 지구를 생각하고 이웃을 생각하는 것'이다. 종교와는 상관없다. 신을 믿고 믿지 않는 문제가 아니라 자기 이익을 넘어서는 큰 목적에 이바지할 마음이 있는지가 관건이다. 자기 이익보다는 사회의 이익을 위해 일하는 것이나 일신상의 유익보다 사회나 국가나 건강한 지구를 위해 헌신하는 것이다.

죽음을 생각하는 것, 죽음 이후의 삶을 얘기하는 것, 지금의 삶과 죽음 이후의 삶이 연결되어 있다고 믿는 것, 사람을 살리기 위해 자기 돈을 쓰는 것이다. 한자로 '영靈'은 하늘과 내가 연결되었다는 의미인데 비슷한 맥락이라고 생각한다.

그렇다면 영적인 것의 반대는 무엇일까? 모든 행위의 기준이 오로지 내 이익에 도움이 되는가 손해가 되는가에 달렸다. 본인을 위해서는 돈을 펑펑 쓰지만 남을 위해서는 단 한 푼도 아까워하거나 동네에 새로운 무언가 들어설 때 찬반 여부는 오로지 집값에 도움이 되는지 아닌지만 따진다. 장기적 목적보다는 단기적 즐거움을 위해 모든 걸 선택하는 것 등이다. 내가 번 돈은 배우자가 쓰는 것도 아깝다고 생각하는 것이 영적인 것의 대척점에 있다. 그 사람 눈에는 본인 외에는 아무것도 없다. 오로지 자기만을 위해 사는 삶이다.

예순

자유의 나이이자 리셋의 나이다. 그동안 나를 구속한 일과 자녀 교육과 부모 봉양 등 많은 것에서 벗어나 자유를 누릴 수 있는 최고의 나이다. 은퇴하는 나이지만 은퇴를 안 해도 상관없는 나이다. 일에 관한 생각을 다시 해야 하는 나이다. 이전에는 모두 일해야만 했지만 지금부터는 일해도 되고 안 해도 된다. 일을 안 해도 되지만 하고 싶어하는 사람도 있고 하기 싫지만 해야만 하는 사람도 있다. 예순은 결실의 나이다. 그동안 뿌린 씨앗을 본격적으로 거두는 나이다. 좋은 씨앗을 많이 뿌린 사람은 좋은 결과를 거두지만 그렇지 못한 사람은 거둘 게 없고 뿌린 게 없으면 거둘 것도 없고, 뿌린다고

다 거두는 건 아니라는 사실을 뼈아프게 깨닫는 나이다.

예순은 과거의 학력, 이력, 직책이 별것 아니란 사실을 깨닫는 시기이다. 자녀가 변수가 되는 나이다. 자식을 잘 키웠다고 도움이 되는 건 아니지만 잘못 키운 자식은 리스크가 되어 내 인생을 흔들 수 있는 나이다. 돈 못지않게 자녀와의 관계가 삶에 큰 영향을 끼치는 나이다. 하늘이 준 천사인 손주를 만나는 나이다. 근데 모든 사람에게 해당되지는 않는다. 그래서 손주 얘기를 하려면 돈을 내야 하는 조심스러운 나이다. 뭐든 할 수 있는 나이지만 아무것도 하지 않아도 상관없는 나이다. 돈, 건강, 관계 등 상황에 따라 삶의 질이 벌어지는 격차의 시기이다.

예의

타인과 더불어 살기 위해 내 의무와 도리를 다하는 것이다. 예의를 모르면 사회에서 살 수 없다.

옹졸함

자기와 다른 것은 무조건 배척하는 태도다.

완벽주의

실패가 두려워 시도조차 안 한다는 사실을 변명하는 말, 실패에 대한 두려움을 멋지게 포장하는 말, 게으른 자의 구차한 핑계.

용모

추천서다. 용모가 수려한 사람은 어떤 추천서 못지않게 효력이 있는 법이다. 그리스 철학자 아리스토텔레스의 생각이다.

우울증

연결선이 부식된 상태다. 삶에서도 그렇고 뇌세포에서도 그렇다. 운동은 그 연결성을 다시 설치하는 행위다. 만일 우울증이 정보 전달 체계에 문제가 생긴 것이라면 혹은 환경에 적응하는 뇌의 기능이 상실된 것이라면 운동이 우울증을 고치는 최고의 치료법이다. 운동은 치료법보다도 예방법으로서 가치가 높다. 우울증의 첫 번째 증후군은 바로 수면장애다. 잠들거나 깨어나기 힘들다. 혹은 둘 다 힘든 증세를 보인다. 나는 이런 증세를 수면 관성으로 해석한다. 수면장애가 발생하면 활력이 줄어들고 만사 흥미를 잃는다. 존 레이티와 에릭 헤이거먼의 공저 『운동화 신은 뇌』에 나오는 내용이다.

운

좋은 건 끌어당기고 나쁜 건 밀어내는 그 무엇.

용기다. 리스크를 떠맡는 것이다. 새로운 걸 시도조차 하지 않는 사람에게 운은 오지 않는다. 이스라엘 총리 시몬 페레스의 생각이다.

운은 하늘에서 뚝 떨어지지 않는다. 운이 좋은 사람은 그럴 만한 행동을 한다. 사랑을 많이 받는 사람이 사랑받을 만한 행동을 하는 것과 같은 맥락이다. 그런 면에서 운은 시간의 연결이다. 과거와 현재가 연결되어 있고 현재는 미래와 연결되어 있다. 운은 사람의 연결이다. 내가 한 선한 행동이 다른 사람에게 전해지고 여러 경로를 거쳐 그게 뿌린 사람에게 되돌아간다.

운 좋은 사람이 되고 싶다고? 그럼 많이 뿌리고 많이 베풀어라. 뿌린 대로 거둔다는 건 만고불변의 진리이다. 관련한 사자성어가 '선불망래善不妄來 재불공발災不空發'이다. 좋은 일은 까닭 없이 찾아오지 아니하고 재앙은 터무니없이 찾아 들지 않는다는 말이다.

운동

운을 부르는 행위이자 최고의 항우울제이다.

운명

운은 길이고 명은 자동차다. 운은 명이라는 자동차가 달리는 길이다. 노상진의 저서 『운명에 만약은 없다』에 나오는 얘기다.

울음

가장 인간적이고 보편적인 위안의 수단이다. 세계적인 정신분석학자 칼 메닝거의 생각이다.

웃음

사회적 제스처다. 두 돌이 갓 지난 손녀 태리는 얼마나 예쁘게 웃는지 모른다. 가끔 만나도 배시시 웃는데 그걸 보는 순간 난 그대로 녹는 기분이다. 도대체 저런 예쁜 웃음을 어디서 배웠을까? 저 웃음의 의미는 무엇일까? 난 태리가 할아버지와 놀고 싶다는 사회적 제스처로 이를 해석한다. 당연히 난 이를 접수하고 둘이 당당하게 놀이터로 향한다. 그녀의 제스처에 할아버지인 내가 적극적으로 대응한다.

워라밸

남 좋은 일과 나 좋은 일 사이의 균형. 리더십 코치 김호의 생각이다.

원씽

당신이 할 수 있는 단 하나의 일, 가장 먼저 해야만 하는 일, 그 일을 함으로써 다른 모든 일을 쉽게 혹은 불필요하게 만드는 단 하나를 뜻한다. 목적의식purpose, 우선순위priority, 생산성productivity 세 요소가 있다. 세 요소의 연결을 통해 단 하나의 원칙을 두 개 분야에 적용할 수 있는데 그중 하나는 크고 다른 하나는 작다. 큰 하나Big One Thing 는 목적의식이고 작은 하나Small One Thing 는 목적의식을 행동으로 옮길 때 필요한 우선순위다.

생산성이 높은 사람들은 목적의식에 의해 일을 시작하고 그것을 나침반같이 이용한다. 목적의식에 따라 우선순위를 정한다. 이것이 남다른 성과로 가는 가장 빠른 코스다. 게리 켈러와 제이 파파산 공저 『원씽』에 나오는 내용이다.

원한

르상티망ressentiment 이라고도 하는데 '다시 느낀다.'라는 의미다. 부당하고 억울하고 분한 것에 관해 되씹는다는 의미도 지니고 있다. 원한은 이미 일어난 일에 대해 반복해서 복습하면서 이를 확대 재생산하는 행위이다. 정작 미움의 대상은 그 사실을 모르는데 본인만 골병이 들어 병으로 이어지기도 한다. 그렇다면 어떻게 해야 할까? 몰입할 일을 만들어 그 일로 억울하고 분한 일을 몰아내면 된다.

웨더링

차별과 편견에 의한 반복적 스트레스가 신체에 점진적으로 끼치는 생리학적 작용. 웨더링weathering은 사회의 구조적 억압이 신체와 건강에 미치는 영향을 설명하는 개념이다 사전저으로 '마모' '침식' '풍화'를 뜻하는 웨더링은 인종, 민족, 종교, 계급, 성별, 성 정체성 등에 따른 차별과 편견에 의한 반복적인 스트레스가 신체에 점진적으로 끼치는 생리학적 작용과 과정을 의미한다.

살면서 어떤 경험을 하는가에 따라 비교적 젊은 사람들이 생물학적으로는 노인일 수 있다. 웨더링을 당한 사람들은 특정 질병이나 건강 이상 상태로 진단받기 훨씬 전에 신체의 모든 시스템이 스트레스에 의해 마모된다. 소외집단은 생물학적 가속 노화, 만성 노인성 질환의 조기 발병, 면역 체계 약화 및 조절 장애, 기대수명 단축에 더 취약하다. 알린 T. 제로니머스의 저서 『불평등은 어떻게 몸을 갉아

먹는가』에 나오는 내용이다.

위기

그동안의 방식이 더는 통하지 않는 상태를 말한다. 그럼 돌아보게 되고 질문하게 된다. 이 길이 맞는지 왜 꼭 이렇게 해야 하는지 깊이 묻게 된다. 매일 닥친 일을 쳐내며 지낼 때 미처 보지 못했던 곳까지 시선을 두며 묻고 또 묻는다. 그렇게 하지 않으면 생존 자체가 흔들리기 때문이다. 그러다 보면 그동안 통했던 방식이 최선은 아니었다는 생각이 들고 길을 열어줄 무언가를 적극적으로 찾게 된다. 최인아 최인아책방 대표의 생각이다.

유능함

지금까지는 한 분야에서 탁월한 성과를 낸 사람을 유능하다고 평가했다. 하지만 앞으로는 다른 의견을 잘 듣고 상호 피드백을 원활하게 하는 리더나 유연한 조직 문화를 만드는 리더가 유능한 사람이다. 권오현의 저서 『초격차』에 나오는 내용이다.

유머

자신이 똑똑하다고 떠벌리지 않으면서 자신이 똑똑함을 보여주
는 방법이다.

유물

인류가 미처 기록해두지 못한 역사의 구멍 난 부분을 메워주는
퍼즐 조각이자 옛사람의 흔적을 고스란히 담고 있는 타임캡슐이다.
강인욱의 저서 『세상 모든 것의 기원』에 나오는 내용이다.

유서

저승에 가서도 이승에 영향력을 행사하고 싶은 욕심을 못 버리는
사람이 쓰는 것. 박완서의 소설집 『친절한 복희씨』에 나오는 내용이다.

유추

유비추리類比推理의 줄인 말이다. 두 개의 사물을 비교해 한 개 사물
의 특징을 다른 사물도 갖지 않을까 추리하는 일이다. 유사성을 인
식하는 일이고 방금 경험한 것과 이전에 경험한 것의 연결 고리를

포착하는 일이다. 유추와 동시에 일어나는 범주화를 통해 새로운 정보에 라벨을 붙이고 머릿속 도서관을 정리한다. 유추가 모든 사고의 핵심이다. 미국의 인지과학자 더글러스 호프스태터와 프랑스 인지 및 발달 심리학자 에마뉘엘 상데의 공저 『사고의 본질』에 나오는 내용이다.

둘 혹은 그 이상의 현상들 사이에 기능적으로 유사하거나 일치하는 내적 관련성을 알아내는 것이다. 사과를 땅으로 잡아당기는 힘이 있다면 이는 하늘 위로 계속 뻗쳐갈 것이고 그렇게 되면 달까지 끌어당길 것이라는 유추가 가능해진다. 이처럼 만유인력의 법칙은 유추의 산물이다. 수많은 발명품은 유추의 결과물이다. 상처를 봉합하는 데 쓰는 외과용 찍개는 원시 부족민들이 무는 개미를 이용해 벌어진 상처를 꿰매는 걸 보고 착안한 물건이다. 착유기는 흡혈 거머리를 기계적으로 유추했다. 찍찍이는 옷에 달라붙는 도꼬마리 열매에서 영감을 얻은 것이다. 유추는 사고 작용의 핵심이다. 유추는 다른 것으로 대체 불가능한 생각 도구다. 유추할 수 없다면 창조할 수 없다. 로버트 루트번스타인과 미셸 루트번스타인의 공저 『생각의 탄생』에 나오는 내용이다.

은퇴

주어진 역할이 사라지는 것을 말한다. 배역이 없는 배우가 된 기분이다. 관계망이 사라지는데 이는 내가 기대던 아름드리 참나무가 없어지면서 햇빛이나 바람이나 비를 피할 수 없게 된 것과 같다.

계급사회에서 완전히 벗어나서 계급도 없고 지위도 없고 정해진 역할도 없는 세계로 들어가는 것이다. 은퇴한 순간 자기 가치가 사회적 지위에 있는 것이 아니라 본래의 인간적 모습에 있다는 걸 깨달아야 한다. 정년퇴직자는 일 자체를 잃을 뿐만 아니라 규칙적인 일상생활까지 상실한다. 게다가 정체성, 자존심, 다른 사람과의 관계를 튼튼하게 유지하는 거의 유일한 토대와 독립성을 보장하던 생계 수단까지 잃는다. 한꺼번에 너무 많은 걸 잃는다.

많은 은퇴자는 강요된 자유를 어떻게 해결할지 모르기 때문에 따분하고 지루하다. 상상력 부족과 훈련 부족으로 습관화되지 않아 많은 은퇴자가 되는 대로 살아가며 어떤 것에도 관심 두지 못한다. 어떤 일이든 성공하기 위해서는 약간의 훈련, 습관, 요령 등이 필요하다. 조금이라도 젊은 나이에 시작하지 않으면 나이 들어 쉽지 않다. 미리 준비하지 않으면 행복한 노년은 불가능하다. 한귀영의 저서 『한 페이지의 우주』에 나오는 내용이다.

음식 문맹

글을 모르는 사람을 문맹이라고 한다. 음식을 제대로 알지 못하는 사람은 뭐라고 할까? 슬로푸드 문화원 김종덕 이사장은 저서 『음식 문맹, 왜 생겨난 걸까?』를 통해 '음식 문맹'이라는 단어를 썼다. 그리고 음식 문맹의 특징을 이렇게 설명한다. 먼저 돈을 다른 데 쓰기 위해 음식에 들어가는 비용을 줄인다. 둘째, 음식에 대한 지출을 줄이기 위해 가급적 싼 음식을 먹는다. 셋째, 음식을 가격으로 판단한다. 넷째, 가족 식사의 기능과 중요성을 모른다. 다섯째, 식사를 대충 한다. 여섯째, 식사를 에너지 충전의 시간으로만 여긴다. 일곱째, 식사하는 시간을 아까워한다. 여덟째, 텔레비전이나 스마트폰을 보면서 식사한다.

20대부터 30대 초반까지 나는 완벽한 음식 문맹자였다. 싼 음식이 곧 좋은 음식이었다. 엄마가 건강으로 힘들어했던 날들을 청소년기에 오랫동안 보고 자랐음에도 무슨 이유인지 모르겠지만 건강의 중요성은 어느새 망각의 상태에 들어가 버렸다. 글사세를 했던 박재성의 생각이다.

이해한다는 것

남에게 설명할 수 있는 상태가 되는 걸 말한다. 나만 알면 된다고? 말이 되지 않는다. 설명할 수 없는 건 이해가 아니다. 이해한다는 건 배운 걸 자기 것으로 만들 수 있다는 것을 뜻한다. 영어로 '언더스탠드Understand'다. 밑에서 본다는 말인데 도대체 이게 무슨 뜻일까? 난 그 사람의 입장이 되어보는 것이라고 해석한다.

우리가 이해하지 못하는 이유는 우리 눈높이에서 보고 판단하기 때문이다. 누군가를 이해하고 싶은가? 그러면 그 사람 눈높이에서 보면 도움이 될 것이다.

인기

'사람 인人'과 '기운 기氣'가 합쳐져 만들어진 단어다. 즉 애정을 뜻한다. 당신의 기운은 어떠한가? 활기를 불어넣는 사람인가, 아니면 축 처지게 만드는 사람인가?

인사관리

임현사능任賢使能이다. 현명한 사람을 임명하고 일을 잘하게끔 만드는 것이 HR의 역할이다. 어떻게 높은 직위에 좋은 사람을 임명할 것이냐를 고민해야 한다. 지인지감이 필요하다. 이를 위해서는 인간에 대한 이해가 제일 중요하다. 전제 조건은 자신을 아는 것이다. 사람을 알고 시장을 알아야 한다. 인간에 대한 애정도 있어야 한다. 이게 없으면 대서방이나 마름이 된다. 인사의 전반에는 사랑이 있어야 한다.

인간을 이해하지 못하고 어떻게 평가를 할 수 있는가? 이를 축약하면 MMPIC다. 시장Market, 인간Man, 전문성Professional, 성실성Integrity, 비밀 유지Confidential다. 또 인사를 하는 사람은 인사권자와 관계 설정을 잘해야 한다. 이걸 못하면 일하기 힘들다. HR을 위해서는 종합적 이해가 있어야 한다. 감성과 이성에서 영성으로 가야 한다. 이를 위한 전제 조건은 자신이 어떤 사람인지를 아는 것이다. 일생 꼭 만나야 할 사람은 바로 나 자신이다. 내 마음의 보고서를 써봐야 한다. 심리 공부도 하고 자기를 성찰하는 여행도 떠나보아야 한다. 이병남 전 엘지인화원장의 생각이다.

인사이동

연말에는 인사이동에 관한 뉴스가 나온다. 근데 같은 이동인데 한자로 '移動'이 아닌 '異動'이다. 이동할 이移가 아닌 다를 이異다. 이게 무슨 뜻일까? 공간이동이 아니라 역할의 변화이고 직책의 변화라는 말이다. 단순히 이동하는 것이 아니고 역할이 달라진다는 것이다.

인색함

한 번 들어간 돈은 절대 나오지 않는 것, 열 번 얻어먹어도 절대 밥 살 생각을 안 하는 것, 얻어먹을 때는 비싼 집에서 살 때는 싼 집에서 사는 것, 늘 받을 생각만 하고 줄 생각은 하지 않는 것, 받을 때는 웃지만 줄 때는 오만상을 쓰는 것, 본인만 생각하느라 주변을 살피지 못하는 것, 남의 돈은 물 쓰듯 쓰지만 본인 돈은 절대 쓰지 못하는 것, 짠돌이 짠순이 얘기를 들어도 괘념치 않는 것, 아무것도 베풀지 못하지만 스스로는 관대하다고 생각하는 것이다.

결과물은 무엇일까? 몇 번은 참지만 더 이상 사람들은 참지 않는다. 결국 주변에 사람은 사라지고 독거노인으로 늙어갈 것이다. 후회로 가득한 최후를 맞이할 것이다.

인센티브

어떤 행동을 하도록 사람을 부추기는 것. 어원은 잉켄데레Incendere인데 '불을 붙인다.'라는 뜻이다. 불을 붙여 일을 잘하게 하는 것이다. 보통은 돈이나 승진을 생각하는데 다른 방법도 많다.

대표적인 것이 페덱스 사례다. 이 회사는 매일 모든 항공기가 한곳에 모인 뒤 모든 택배 상자를 비행기에서 비행기로 옮긴다. 한 대의 비행기라도 지체되면 전체 배달이 어려워진다. 근데 시스템은 항상 엉망이었다. 어떻게 이 문제를 해결할까? 시간당 인건비를 올리는 대신 본인 업무가 끝나면 집으로 가게 했더니 하루아침에 문제가 해결됐다. 시간당 급여를 받으면 일을 느리게 한다. 일을 느리게 하면 돈을 더 받을 수 있기 때문이다. 근데 일을 마치면 집에 갈 수 있다고 하면 어떤가? 빨리 가지만 같은 임금을 받을 수 있다는 것이 보상으로 작동하는 것이다. 찰리 멍거의 생각이다.

일에서 성공하려면

나의 취향에서 한발 더 나아가야 한다. 내 선호와 타인의 공감이 만나는 지점과 서로 밀고 당기는 압력이 느껴지는 미세한 지점을 찾아야 한다. 조수용의 생각이다.

일을 잘한다는 것

상황 파악을 잘한다. 전체 상황 및 분위기를 잘 읽는다. 일하는 이유와 의미가 분명하다. 업에 대한 나름의 재정의를 잘한다. 자기만의 의견이 있다. 스스로 동기부여 되어 있다. 자기 객관화가 잘되어 있고, 그러기 위해 늘 피드백을 구한다. 대화를 잘한다. 어려운 상황을 어려워하지 않고 어려운 얘기도 쉽게 한다.

일을 한다는 것

대부분 먹고 살기 위해, 자기 성장을 위해, 경력을 쌓기 위해, 원하는 것을 얻기 위해, 자기실현을 위해라고 답한다. 타자 공헌은 없다. 근데 수익은 누가 만드는가? 내가 아닌 다른 사람들이다. 나 혼자서는 수익을 창출할 수 없다. 수익은 타인에게서 온다. 그렇다면 누구를 위해 일해야 할까? 나 아닌 남을 위해 일할 수 있어야 한다. 일을 한다는 건 타인을 편하게 만드는 것이다. 진정한 비즈니스를 하려면 자기만족이 아니라 타자에 공헌할 수 있도록 노력해야 한다. 자기실현에서 타자 공헌으로 생각을 바꾸어야 한다. 나의 배움에 타자에게 공헌하려는 동기가 있는지를 생각해야 한다. 아사다 스구루의 저서 『한 줄 정리의 힘』에 나오는 내용이다.

일하는 시간

자산을 쌓는 시간이다. 조직에서 일하는 건 겉으로는 회사 일을 하는 것 같지만 실은 자신의 자산을 쌓는 시간이다. 어디서 누구와 어떻게 일할 것인가? 어떻게 하면 자기 안에 있는 힘을 알아차릴 수 있을까? 스스로 찾아야 한다는 자각이 필요하다. 자신을 움직이는 동력을 알아차려야 한다. 일을 할 때 언제 기쁘고 슬픈지, 언제 신나고 힘이 빠지는지, 언제 좋은 성과를 내는지 파악해야 한다. 무엇보다 중요한 건 내가 일을 잘한다는 걸 어떻게 증명할 수 있을까를 생각해야 한다.

함께 일하는 사람들이 나를 언제 왜 찾는지를 봐야 한다. 만약 나는 일하고 싶은데 그들이 일하기 싫어할 수 있다. 그건 일 잘하는 게 아니다. 나는 잘한다고 생각하는데 회사는 동의하지 않는 경우도 많다. 핵심은 쓰임이다. 효용성이 있어야 한다. 잘해야 한다. 잘해야 오래 할 수 있고 오래 해야 잘할 수 있다. 최인아 최인아책방 대표의 생각이다.

일확천금

가장 위험한 욕망이다. 천당 대신 지옥으로 가는 표다. 대부분 금융사기는 일확천금을 노리는 사람을 노려서 일어난다. 사기꾼에게 가장 좋은 사냥감이다. 찰리 멍거의 생각이다.

입장 차이

입장立場이란 '설 립立'과 '마당 장場'이 합쳐져 만들어진 단어다. 서 있는 장소라는 말이다. 어느 곳에 서 있느냐에 따라 생각과 행동이 달라진다. 대표적 입장 차이는 직원으로 일하는 것과 사업의 소유주로 일하는 것이다. 하늘과 땅 차이만큼 크다. 직원으로 일할 때는 월급날이 너무 늦게 온다고 생각하나 막상 월급 주는 입장이 되면 월급날이 너무 빨리 온다고 생각하게 된다. 직원일 때는 걸핏하면 머리에 띠를 두르고 경영자를 성토했는데 막상 자신이 경영자가 되자 띠 두른 직원의 성토하는 모습에 충격을 받는다. 성토하다 성토를 당하는 격이다.

직원으로 일하다 내 사업을 하면서 배운 교훈이 있다. 아무도 시키지 않는다. 알아서 내 일을 만들고 내 일을 해야만 한다. 일이 안 되도 불평할 곳이 없다. 일이 없으면 굶어 죽는다. 열심히 노력하지 않으면 바로 티가 난다. 예전에는 잠재력 일부만 사용했는데 지금은 거의 풀로 가동한다. 그러면서 이런 생각이 들었다. 만약 직원들을 나처럼 만들 수 있다면 어떤 일이 일어날까? 세계 최고의 회사가 되지 않을까?

π

자기력

자신에 대해 기대하는 힘이다. 자기력自期力은 재능과는 무관하다. 재능이 좀 부족해도 높은 자기력을 갖고 있다면 그게 성장의 동력이 되기 때문에 성공할 가능성이 높다. 젊은 시절 고독을 버티게 해줄 힘은 자신에 대한 기대밖에 없다. 나는 자기에 대한 기대를 뜻하는 자기력이란 말을 학창 시절 내내 가슴에 새겼다. 자기력을 계속 유지하는 힘이 젊음이다. 어제의 나보다 나은 사람이 되고 싶다는 열망이다. 과거의 나와 단절하고 완전히 새로운 사람으로 거듭나고 싶은 욕구가 강한 것이다. 삼단로켓처럼 과거의 나를 분리하면서 아득히 높은 곳으로 가고 싶어하는 것이다. 사이토 다카시의 저서 『혼자 있는 시간의 힘』에 나오는 내용이다.

자아

그가 소유한 모든 걸 더한 합이다. 미국의 실용주의 철학자 윌리엄 제임스의 생각이다.

자유로운 영혼

자기를 자유로운 영혼으로 부르는 사람이 제법 많다. 도대체 자유로운 영혼이란 것이 무슨 말일까? 아무렇게나 사는 것, 거리낌 없이 하고 싶은 걸 하는 것, 일어나고 싶을 때 일어나고 자고 싶을 때 자는 것, 남의 이목에 신경 쓰지 않고 멋대로 사는 것? 난 아니라고 생각한다. 내가 생각하는 자유로운 영혼은 생각이 자유로운 것이다. 선입견과 편견이 적고 개방된 것이다. 대세에 지장이 없으면 예스하고 차별 없이 많은 사람과 교류할 수 있는 사람이다. 그래서 만나는 사람들 가슴을 시원하게 하는 사람이다. 생활은 엄격하나 생각은 자유로운 사람이다.

그런데 보통은 반대다. 생각은 꽉 막혀 있고 오로지 돈만 중요하게 생각한다. 돈이 되는 일은 무슨 일이든 하고 생활은 개판이다. 늘 술에 취해 있고 때와 장소를 구분하지 못한다. 침침한 눈으로 세상을 제대로 볼 수는 없다. 멋대로 엉망으로 사는 걸 자유로운 영혼이란 이름으로 포장하지 말자.

자존감

　나는 사랑받을 자격이 있다는 자기 확신과 나는 할 수 있다는 자기효능감의 혼합물이다. 이런 사람이 성공 확률이 높다. 근데 조심할 게 있다. 인공적으로 긍정성을 만드는 것이다. 인공적으로 무언가를 하려면 에너지가 필요하다. 탈진 상태에서 이를 쓰면 안 된다. 없는 에너지를 끌어 쓰다 보면 쉽게 지친다. 윤대현 서울대학교 정신의학과 교수의 생각이다.

자존심

　내가 생각하는 자존심은 나 스스로 당당한 것이다. 자기 의견을 분명하게 하고 자신의 가치를 스스로 높이는 것이다. 잔소리나 꾸중을 듣지 않겠다는 오기 같은 것이고, 내가 어떤 사람인지를 보여주고 싶은 마음이고, 때로는 잘난 척도 하고 싶은 게 자존심이다. 남에게 지적당해도 무감각한 것은 자존심이 없는 것이다. "당신은 이것밖에 안 되느냐?"라는 소리를 들어도 무덤덤하면 자존심이 없는 것이다.

　자존심을 잃은 상태가 최악의 경우다. 자존심을 버린 사람에게 기대할 것은 없다. 기업도 마찬가지다. 자존심이 있는 기업과 그렇지 않은 기업은 분위기부터 다르다. 자존심을 잃는 순간 그 기업은 생명력이 없다. 그래서 간혹 나는 직원들의 자존심을 긁는다. 잠재력과 가능성이 있는 직원이 최선을 다하지 않을 때 그렇게 한다. 모든 일은 자기와의 승부이다. 자존심을 세워야 문제를 해결할 수 있다. 자존심이 꺾인 사람은 와신상담하지 않고 문제를 해결할 수 없다. 일에 자존심을 걸면 피곤하지 않다. 곽재선 KG 회장의 생각이다.

작가

매일 쓰는 사람이다. 장석주의 생각이다.

작업 흥분

일을 하다 보면 의욕이 생기는 현상이다. 그래서 의욕이 생길 때까지 기다리는 대신 의욕이 없어도 일단 시작해 보면 의욕이 생긴다. 글을 쓰고 싶은 마음이 없더라도 일단 책상에 앉아 글을 써보라. 그러면 뇌가 점차 활성화되면서 자신도 모르게 의욕이 생겨난다. 흥분이란 뇌의 신경세포가 활성화한다는 의미이다. 일본 뇌과학자 이케가야 유지의 저서 『삶이 흔들릴 때 뇌과학을 읽습니다』에 나오는 내용이다.

잘 사는 것

건강한 시민으로서 사회에 조금이라도 보탬이 되는 사람이 되는 것, 나로 인해 한 사람이라도 행복한 것, 지구를 조금이라도 깨끗하게 하는 것, 그리하여 내가 죽을 때 나를 위해 한 사람이라도 진심으로 울어줄 수 있는 것 등이다. 이를 위해 우선 내 삶에 만족할 것, 경제적으로도 정신적으로도 육체적으로도 건강할 것, 내가 좋아하고 잘하는 일이 있고 죽는 날까지 나를 찾아주는 사람들이 있는 것, 가족들로부터 많은 사랑을 받는 것, 내가 사랑하는 사람들로부터 사랑과 존경을 받는 것, 많이 웃는 것, 매년 서너 권의 책을 내고 그 책을 중심으로 사람들과 인간적인 교류를 죽는 날까지 하는 것, 심각한 문제를 유머로 승화시키는 것, 문제를 성장의 발판으로 삼는 것, 주변 사람들에게 선한 영향력을 전파하는 것, 사람들의 성공을 돕는 걸 진심으로 기뻐하는 것 등이다.

잡담

주요리 전에 먹는 애피타이저 역할을 한다. 국가 정상들끼리 만나 정상회담을 할 때도 바로 본론부터 얘기하지는 않는다. 잡담하면서 분위기를 풀고 그러다 분위기가 무르익으면 본론으로 들어간다. 그래서 잡담을 통해 분위기를 만드는 능력이 중요하다. 그렇다면 잡담이란 무얼까? 잡담은 상대를 인정하고 받아들이기 위한 행위다. 잡담하면 서로의 거리가 좁혀진다. 잡담하는 순간 그 사람과의 사이에 다리가 놓이고 공통의 접점이 만들어진다. 당연히 잡담에 능한 사람이 사업도 잘하는 법이다. 잠깐의 잡담을 통해 상대의 속마음을 간파할 수 있을 뿐만 아니라 상대에게 자기 매력을 보여줄 수도 있다. 잡담은 중요한 의사소통 능력이다. 사이토 다카시의 저서 『잡담이 능력이다』에 나오는 내용이다.

재능

생산적으로 쓰일 수 있는 사고, 감정, 행동의 반복되는 패턴이다. 본능적으로 호기심이 강하다면 그것은 재능이다. 매력도 재능이다. 인내심이 강한 것도 재능이다. 반복적으로 나타나는 사고, 감정, 행동 패턴이 생산적으로 쓰일 수 있다면 재능이라 할 수 있다.

재능의 세 가지 원천이 있다. 첫째, 동경이다. 무언가를 계속하고 싶고 자꾸 생각이 나고 끌리는 것이다. 둘째, 학습 속도다. 빨리 지식을 습득하면 거기에 재능이 있다는 것이다. 노래 한 곡을 듣고 바로 따라 하는 사람이 있다. 재능이다. 하나를 가르쳐 주면 열을 아는 것도 재능이다. 일필휘지하는 것은 글 쓰는 재능이 있다는 것이다. 일을 수행하는 과정에서 남들이 생각하지도 못한 새로운 방식과 변화를 추가하는 것도 재능이다. 새로운 환경, 새로운 도전, 새로운 환경 등 새로운 무언가를 배울 때 뇌가 갑자기 한꺼번에 켜지는 것처럼 환해지는 경험이 있다면 이곳에 재능이 숨어 있다. 셋째, 만족감이다. 일을 한 후에 뿌듯한 그 무엇이 있다면 거기에 재능이 있다.

재능을 발견하기 위해서는 뒤로 한 발 물러나 자신을 바라보아야 한다. 빠른 일상에서 한 걸음 빠져나와 귀를 스치고 지나가는 사나운 바람 소리를 잠재워라. 그리고 내면의 소리에 귀를 기울여라. 이렇게 하면 재능을 찾는 일에 집중할 수 있다. 주변 사람에게 물어보는 것도 좋다. 자기모습은 보지 못해도 옆 사람은 잘 보는 게 인간이기 때문이다. 부모에게 물어보는 것도 방법이다. 부모만큼 어린 시절의 나에 대한 단서를 많이 가진 사람은 없기 때문이다. 무엇을 좋아했고 무엇을 싫어했는지, 무엇에 얼굴을 찡그리고 기분 나빠했는지, 어떻게 몸을 움직였는지, 어떻게 행동하고 무슨 말을 했는지를 가장 잘 아는 사람은 바로 부모다.

전문가

오로지 한 가지 일만 하는 사람? 아니다. 대행하는 사람이다. 그 분야에 대해 심도 있는 지식과 폭넓은 경험이 있어서 자신을 찾아온 사람들의 문제를 제대로 해결해내는 사람이다. 경력은 필요조건

일 뿐이다. 관건은 그에게 맡기면 문제가 해결되는가이다. 변호사는 의뢰인을 대신해 재판에서 좋은 결과를 내는 사람이다. 의사도 자기 몸을 고치는 사람이 아니라 타인의 병을 낫게 한다. 광고도 그렇다. 나를 위해 광고하는 게 아니다. 당연히 의뢰하는 사람들이 직접 할 때보다는 더 나은 결과를 만들어야 한다. 최인아 최인아책방 대표의 생각이다.

전쟁

나의 의지 실현을 위해 적에게 굴복을 강요하는 폭력행위. 프로이센 왕국의 군인이자 군사학자였던 카를 폰 클라우제비츠의 생각이다.

절제

할 수 있으나 하지 않는 것이다. 남에게 명령하기 전 자신에게 명령할 수 있는 것이다. 돈은 있지만 함부로 쓰지 않는 것, 더 먹을 수 있지만 먹지 않는 것, 권력은 있지만 함부로 휘두르지 않는 것, 갈 수 있지만 가려서 가는 것. 이런 것이 절제이다.

절차탁마

자르고 썰고 쪼고 가는 과정이다. 그래야 비로소 내 빛깔을 드러내며 명품으로 태어난다. 사람이 배우지 않으면 어두운 밤길을 가는 것과 같다. 앞에 함정이 있는데 그걸 모르고 걷는 것과 같다.

정상

아래에선 좋아 보이지만 막상 올라가면 별것이 없고 바람만 센 곳이다. 자칫 정상頂上만 바라보고 가면 소중함을 잃어버릴 수 있다.

정상

통계학의 정규분포에서 비롯된 개념이다. 천문학자 아돌프 케틀레는 정규분포로 인체 측정치를 나타내려고 시도했다. 이를 통해 평균인이란 개념이 생겨났다. 케틀레는 평균인이 진정한 인간을 대표한다고 생각했고 이는 곧 완벽을 의미했다. 그래서 평균에서 이탈하는 경우를 문제 삼았다. 평균인은 최초의 정상적 인간이 되었다. 이 정상正常의 개념은 어느새 신체는 물론 정신 건강, 성생활, 감정 문제, 아이의 양육 방법과 문제 행동까지 우리 사회를 표준화하기 시작했고 표준에 적합하지 않은 사람을 비정상으로 여겼다. 영국 심리학자 사라 채니의 저서 『나는 정상인가』에 나오는 내용이다.

정신적 뻐근함

정신적으로 힘든 일을 한 후에 오는 묘한 쾌감이다. 정신적 통쾌라고나 할까? 난 운동 후의 뻐근함을 즐긴다. 할 때는 죽을 것 같지만 한 후에 오는 뻐근함과 거기서 오는 건강한 피곤함이 너무 좋다. 잠이 그렇게 달콤할 수 없다. 정신도 그런 거 같다. 힘들지만 불꽃이 튀는 강연을 한 후, 코칭을 통해 고객에게 새로운 생각을 하게 한 후, 어려운 책을 읽고 요약한 후, 내가 봐도 잘 쓴 글을 쓴 후에 오는 정신적 뻐근함이 너무 좋다. 근데 뻐근함은 그냥 오지 않는다. 앞에 힘든 게 있어야 한다.

정치력

상대를 내 편으로 끌어들이는 능력이다.

제도

게임의 규칙이다. 남한의 번영과 북한의 빈곤이 제도가 가져올 수 있는 차이를 극명하게 보여준다. 같은 언어, 문화, 종교를 지닌 한 나라가 서로 다른 정부와 제도 아래 완전히 다른 나라가 됐다. 제도는 '게임의 규칙'이다. 어느 나라든 성장하려면 구성원들이 학교에 진학하고, 새로운 기술을 배우고, 사업을 벌이고, 투자해야 한다. 제도는 사람들이 이런 활동에 적극적으로 동참하게도 하고 경제를 망치게끔 선택하게도 만든다.

한때 세계에서 가장 부유했던 중국이 유럽보다 뒤처지게 된 이유, 20세기 초에 가장 빠르게 성장했던 소비에트 경제가 실패한 원인, 영국이 최초의 근대 경제를 이룬 결정적 요인이자, 서유럽이 오늘날 여전히 앞서가는 이유. 이 모든 답은 바로 제도다. 마크 코야마와 재러드 루빈의 공저 『부의 빅 히스토리』에 나오는 내용이다.

제사

죽은 자를 생각하기 위해 모였지만 사실은 살아 있는 자들을 위한 자리. 동시에 언젠가 나도 죽을 것이란 것이라는 걸 떠올리게 하는 자리.

조용한 사직

'콰이어트 퀴팅Quiet Quitting'은 조용히 떠난다는 말이다. 직원 입장이다. 내 회사도 아니고 내가 바꿀 수 있는 것도 별로 없으니 괜히 회사와 사랑에 빠지거나 시키지도 않은 일을 하느라 열 내지 말고 시키는 일이나 조용히 하고 월급이나 받자는 것이다. 수동적 자세다.

콰이어트 파이어링Quiet Firing은 거기에 대비되는 말이고 회사 입장 혹은 상사 입장이다. 당신이 그렇게 행동하니까 나도 당신을 조용히 해고하겠다는 뜻인데 해고는 아니고 해고한 것처럼 대하겠다는 것이다. 명확한 목표도 주지 않고 피드백도 주지 않는다. 직원에게 관심도 없고 인정도 하지 않는다. 그야말로 없는 사람 취급을 하겠다는 것이다.

요즘 유행하는 말이지만 난 이런 종류의 말을 좋아하지 않는다. 내 스타일이 아니다. 무슨 좀비 세계가 연상되기 때문이다. 난 차라리 큰 소리로 야단을 치든지 나가라고 하든지 끝을 보는 걸 선호한다. 부부간에 사랑은 없지만 남의 눈치 때문에 이혼은 안 하지만 소 닭 보듯 사는 것과 비슷하다. 조용하다는 말이 종용에서 유래한 이유를 알 것 같다.

종교

영혼의 보험이다. 소설가 김홍신이 공황장애로 힘들어하는 최인호에게 물었다. "형, 영혼보험 들었어? 왜 교육보험도 들고 생명보험도 드는데 영혼보험을 안 들어?" 이 일로 최인호는 성당을 나가기 시작했다.

좋은 사람

운전할 때 기꺼이 양보해주는 사람, 문을 열거나 닫을 때 뒷사람이 오는지 확인하는 사람, 식당에서 일어설 때 의자를 밀어 넣는 사람, 비 오는 날 상대에게 우산을 더 기울이는 사람, 약속 시간에 미리 오는 사람, 자기만 못한 사람과 친할 수 있는 사람, 자기의 똑똑함을 감출 수 있는 사람, 남의 잘못을 듣고도 잊을 수 있는 사람, 자기보다 못한 사람에게서 배울 수 있는 사람, 집에서는 배우자에게 꼼짝하지 못하고 자식들의 놀림을 받아도 밖에서는 존경받는 사람, 힘들어도 얼굴에서 미소를 잃지 않는 사람, 늘 먼저 인사를 건네는 사람, 어려운 사람을 보면 그냥 지나치지 못하는 사람, 모르는 것이 있으면 서슴없이 질문하는 사람, 절제가 있는 사람, 아낌없이 밥을 사는 사람.

좋은 얼굴

어린아이는 어른이 되었을 때의 얼굴이 그려지지 않는 얼굴이 좋다. 반대로 어른인 경우에는 어린 시절의 모습을 상상할 수 있는 얼굴이 좋다. 말하자면 어린 시절의 순진무구함을 어른이 되어서도 간직하고 있는 사람이 좋다. 아키다 미치오의 저서 『기분의 디자인』에 나오는 내용이다.

좋은 직업

남을 짓밟는 대신 남을 도울수록 내가 성공하는 직업. 지식, 인맥, 경험, 체력 등 뭔가 축적되는 직업. 뭔가 배울 수 있는 직업. 시간적으로나 공간적으로 자유로운 직업. 나이가 들어도 할 수 있는 직업. 돈이 되는 직업. 일을 통해 내가 성장할 수 있는 직업.

좋은 책

읽기 전과 읽은 후가 달라지게 만드는 책.

좋은 피디

좋은 기획안을 알아보는 사람. 김민식 피디의 생각이다.

좌우명

한자 뜻은 앉은 자리 오른쪽에 걸어놓고 마음에 새기는 글귀라는
뜻이다. 내가 생각하는 좌우명座右銘의 정의는 '내 인생을 좌우하는
말'이다. 좌우명은 가치관이고 내 삶의 방향을 제시하는 등대 같은
존재다. 생각의 문신이다. 좋은 생각을 뇌에 각인하는 행위다. 평소
늘 생각하는 걸 압축해서 갖고 다니는 것이다 "사랑에 대한 갈망, 지
식에 대한 탐구, 인류 고통에 대한 연민이 나를 움직인다." 버트런드
러셀의 말인데 나의 좌우명으로 할 생각이다.

주인의식

주인의 고민을 내가 대신하는 것이다. 실제 내가 맡은 일의 주인
이 되라는 말이다. 그렇게 하려면 첫 삽을 뜨고 마지막 흙을 덮는 일
까지 직접 살펴야 한다. 조수용의 생각이다.

주제 파악

좌표 확인.

죽음

경계의 소멸이다. 살아 있는 동안 나와 나 아닌 것을 구분하던 몸의 경계가 죽음에 이르러 허물어진다. 면역 체계는 작동을 멈추고 세균이 몸속으로 침투하며, 결국 우리는 자연으로 돌아간다. 죽음은 소멸이 아니라 자연과 다시 연결되는 과정이며 누구나 맞이해야 할 필연이다. 죽음을 외면하는 대신 죽음 역시 삶의 일부로 받아들일 수 있다면 남은 시간을 더 의미 있게 살아갈 수 있다. 죽음을 준비하고 이해하는 일은 결국 오늘을 더 잘 살기 위한 과정이다. 김범석의 저서 『죽음은 직선이 아니다』에 나오는 내용이다.

신나게 놀고 있는데 엄마가 "애야 밥 먹어라." 하고 부르는 것. 엄마는 밥이고 품이고 생명이다. 인제 그만 놀고 생명으로 돌아오라는 부름이다. 그렇게 보면 죽음은 또 하나의 생명이다. 죽음은 생의 한가운데 있다. 정오의 분수 속에, 한낮의 정적 속에, 시끄러운 운동장과 텅 빈 교실 사이, 매미 떼의 울음이 끊긴 그 순간……. 우리는 각자의 예민한 살갗으로 생과 사의 엷은 막을 통과하고 있다. 죽음이 끝을 의미하는 것은 아니다. 육체가 사라져도 내 말과 생각은 남는다. 김지수와 이어령의 공저 『이어령의 마지막 수업』에 나오는 말이다.

준비

변명거리가 될 만한 걸 배제하기 위해 생각할 수 있는 모든 행위를 처리하는 것이다. 야구 선수 스즈키 이치로의 생각이다.

중독

끊을 수 없는 것이 중독이다. 기어에 가인되어 반복적인 행동을 하도록 하는 만성적 질병이다.

증권중개인

다른 사람 돈으로 그 돈이 없어질 때까지 투자하는 사람. 찰리 멍거의 생각이다.

증명사진

증명하려고 찍은 사진이지만 종종 제대로 증명되지 않은 경우가
많은 사진.

지루함

만족스러운 활동에 관해 충족되지 않는 열망이다. 존 D. 이스트
우드 캐나다 요크대학교 교수의 말이다. 권태를 느끼는 사람은 일에
집중하기 어렵고 늘 무기력과 피로를 느낀다. 안절부절못하고 짜증
을 잘 낸다. 불편한 감정이지만 긍정적 측면이 있다. 지루함은 지금
처럼 살지 말고 변화하라는 경고다. 우리를 올바른 길로 인도하려는
신호다. 성취감을 주지 못하는 일 대신 의미를 발견하거나 의미 있
는 일을 하라는 신호다. 레온 빈트샤이트의 저서 『감정이라는 세계』
에 나오는 내용이다.

지복점

지복점至福點은 '블리스 포인트Bliss point'라고 한다. 지극한 행복을 느
끼는 지점이란 뜻이다. 식품업계는 맛의 지복점을 찾기 위해 사활
을 건다. 소비자가 음식을 입 안 가득 넣고 지복점에 도달하게 되면

쾌감으로 인한 도파민이 분비되고 행복감을 유지하기 위해 먹고 또 먹게 된다. 극한의 보상과 쾌락을 주는 지복점 메커니즘은 온라인이 우리를 중독시키는 원리와 흡사하다. 숏폼 영상을 제공하는 SNS가 대표적이다. 윤재영의 저서 『디자인 딜레마』에 나오는 내용이다.

지식

2004년 12월 26일에 발생한 인도양 지진해일(쓰나미)은 약 23만 명의 목숨을 앗아간 대참사였다. 그러나 안다만 제도에 거주하는 원주민들은 이 쓰나미에서 한 명도 사망하지 않았다. 오랜 세월 동안 축적된 자연에 대한 깊은 지식과 경험 덕분이다. 안다만 제도의 원주민들은 자연 현상에 대한 고유한 감각을 발전시켜 왔다. 그들은 조류, 바람, 동물의 행동 변화 등 자연의 미세한 징후를 매우 민감하게 관찰하고 해석할 수 있었다. 쓰나미가 오기 전 바닷물이 급격하게 후퇴하거나 동물들이 갑자기 비정상적으로 반응하는 것을 보고 원주민들은 곧바로 위험을 직감했고 안전한 내륙으로 이동했다. 이게 지식 아닐까? 사이먼 윈체스터의 저서 『지식의 탄생』에 나오는 얘기다.

지식의 저주

내가 무언가를 알고 있으면 모르는 상태를 상상하기 불가능해지는 것을 말한다. 무언가를 더 잘할수록 그 방법을 설명하기는 어려워진다. 일류선수가 일류감독이 되기 힘든 이유기도 하다.

지연

지연遲延은 가장 치명적 형태의 거부다.

지혜

"자신의 한계를 알고 한계를 인정하는 것이다. 이것이 바로 내가 내린 지혜에 대한 정의다. 나는 지혜란 자신이 아는 것과 알지 못하는 것 또는 할 수 있는 것과 할 수 없는 것 사이의 경계를 인식하는 데에서 출발한다고 믿는다. 마음의 한계를 자각한다는 것은 역설적으로 그 한계 밖에 존재하는 새로운 곳으로 적극적인 진군을 의미한다." 최인철 교수의 저서 『프레임』에 나온 말이다.

찰리 멍거도 비슷하게 말했다. "모른다는 걸 인정하는 것이 지혜의 여명이다."라고 했다. 그는 '능력 범위'를 중시했다. 글자 그대로 아는 것과 모르는 것의 경계를 아는 것이다. 본인이 이해하고 가치를 평할 수 있는 회사에 투자하라는 것이다. 여기에는 본인이 알지 못하는 비즈니스를 제외하는 것도 포함된다. 무지를 인정하면 투자하지 않거나 더 공부하여 가치평가가 가능한 수준까지 이해를 높일 수 있다. 그러면 그 비즈니스는 능력 범위 안으로 들어간다. 자신의 한계를 인정할 때 투자와 학습뿐만 아니라 인생 전반을 지혜롭게 살아갈 수 있다.

직관

직관이란 왜 그런지는 모르지만 그래야 할 것 같은 예감이고 육감이나. 직관Intuition의 어원은 두에레tuere인데 '경호한다.' '보호한다.' 라는 뜻을 지니고 있다. 직관이 인간을 보호한다는 뜻이다. 안전하기 위해서는 늘 직관에 귀를 기울여야 한다.

호주에서는 캥거루 공격으로 매년 20명 정도가 죽는다고 한다. 캥거루는 공격 전 세 가지 조짐을 보인다. 첫째, 환하고 상냥하게 미소를 짓는다. 실제는 웃는 게 아니라 이빨을 드러내는 것이다. 둘째, 강박에 사로잡힌 듯 자기 주머니에 새끼가 없는지 몇 번이나 확인한다. 캥거루는 새끼가 있을 때는 절대 공격하지 않는다. 셋째, 뒤돌아본다. 상대를 죽이고 도망할 곳을 확인하기 위해서다. 이런 신호 다음 캥거루는 돌진해 적을 무자비하게 두들겨 패고 돌아서서 전속

력으로 달아난다. 흉악범도 캥거루처럼 공격 전 시그널을 보내는데 이를 잘 읽을 수 있어야 한다.

흉악범은 지나치게 친절하다. 길고 상냥하게 이야기한다. 의심을 피하고 그들의 숨겨진 의도를 감추기 위해서다. 필요 없다는 도움도 억지로 주려고 한다. 돈이 필요 없다는 사람에게 억지로 돈을 빌려주고 이자를 요구하는 고리대금업자와 비슷하다. 거부의 의사를 분명하게 밝혀야 한다. 개빈 드 베커의 저서 『서늘한 신호』에 나오는 내용 중 일부다.

직업 선택

평생 무엇을 하며 살지를 선택하는 것이다. 그 일을 통해 나 자신을 실현하는 것이다. 자아실현은 영어로 '셀프 리얼라이제이션Self-realization'이라고 한다. 나는 이 표현보다 '셀프 액츄얼라이제이션self-actualization'을 더 좋아한다. '액츄얼라이즈actualize'라는 동사가 더 적극적이고 능동적이고 현실감 있게 다가오기 때문이다. '액추얼라이즈'는 것은 자신이 가진 능력을 최대치로 발휘해 스스로 충만해지는 상태Self-fulfillment를 이루는 것이다. 일이 아니면 무엇에서 이런 충만감을 얻을 수 있을까? 임종령의 저서 『베테랑의 공부』에 나오는 내용이다.

진정한 도전

원하는 삶을 살기 위해 굳이 안 해도 되는 일을 하는 것, 안 해도 사는 데 지장 없는 일을 하는 것, 장기적 유익을 위해 단기적 불편함을 감수하는 것. 의욕 상실을 없애는 최고의 치료법이다.

진지

진지眞摯. '참 진眞'과 '잡을 지摯'가 더해져 만들어진 말이다. 진지는 진리를 잡으려는 노력을 말한다. 허튼소리가 아닌 진짜 진실을 잡기 위한 노력이다. 난 진지한 삶을 살고 싶다.

진짜 아는 것

남이 물어볼 때 설명할 수 있는 것이다. 이를 위해서는 '무엇을, 왜, 어떻게'란 질문을 해소해야 한다. 아사다 스구루의 저서 『한 줄 정리의 힘』에 나오는 내용이다.

질투

다른 사람이 잘 되거나 좋은 처지에 있는 것 따위를 공연히 미워

하거나 깎아내리려는 마음. 『표준국어대사전』의 정의다.

타인의 행복이 자기 행복을 조금도 해치지 않으나 타인의 행복으로 인해 고통을 느끼는 마음. 철학자 임마누엘 칸트의 정의다.

집단지성

다양성 곱하기 역량이다. 비슷한 배경들의 사람들만 모여서는 집단지성이 힘을 발휘 못 한다. 훌륭한 리더는 뛰어난 직원들을 데리고 최고의 성과를 내는 사람이 아니라 보통 직원들과 최고의 성과를 내는 사람이다. 가장 멍청한 상사는 직원들은 많은데 쓸 만한 놈이 없다고 말한다. 쓸 만한 사람을 만드는 게 상사의 책임이다.

집대성

여러 자료를 모아 새로운 시각과 안목으로 완성했다는 뜻이다. 창조도 힘든데 집대성 역시 몹시 어려운 작업이다. 『명심보감』은 중국 명나라 범립본이 지은 책을 고려 말 추적 선생이 삶의 본보기로 삼아 뽑은 글을 집대성한 책이다. 우리 민족의 보배인 『명심보감』과 『동의보감』은 여러 글을 집대성한 책이다. 스티브 잡스는 창조자라기보다 집대성자로서 자신의 정체성을 정하고 있다. 세상에 존재하는 여러 가지를 자신만의 시각에 따라 그 시대에 가장 적합한 형태로 모으고 재배치하는 것 역시 창조의 과정이다. 박재희의 저서 『마음공부 명심보감』에 나오는 내용이다.

집안 분위기

안주인의 분위기가 십안 분위기다. 안주인 표정이 집안 표정이다. 안주인이 행복하면 온 집안이 행복하다. 반면에 안주인이 불행하면 온 집안이 불행하다. 근데 안주인의 행복은 어디에서 올까? 독자의 상상에 맡긴다.

쩍벌남

권위, 위압, 위협의 신호다. 강한 자신감을 표현하는 자세를 취한다. 뇌는 우리가 더 커 보일 필요가 있을 때 팔다리를 벌리는 자세를 취하도록 만들기 때문이다. 다리를 쩍 벌리고 앉는 사람은 누구인지 떠올려 보자. 경영자, 고위 간부, 지하철의 쩍벌남, 불량 학생 정도다. 대개 공간에서 자기 영역을 과시하고 싶어 한다. 조 내버로와 토니 시아라 포인터의 공저 『FBI 비즈니스 심리학』에 나오는 내용이다.

九

창고 인생

채우기만 하려는 인생이다. 창고 인생에 머물지 않기 위해 우리
는 '꿈을 뛰어넘는 꿈'을 꾸어야 한다. 인생의 긴 시각을 가지며 끝
을 생각하고 눈에 보이지 않는 가치를 추구하는 꿈 말이다. 이것을
가진 사람은 절대로 인생을 쉽게 포기하지 않는다. 우리의 청소년들
이 '꿈 너머 꿈'을 가져야 하는 이유다. 최하진의 저서 『세븐파워교
육』에 나오는 내용이다.

창의성

종결에 대한 저항이다. 괴테의 어머니는 얘기를 들려주다 늘 마
지막 결론을 얘기하지 않았다. 괴테가 상상하게 한 것이다. 창의성

은 그런 것이다.

책을 읽는다는 것

빙하는 물이 얼어서 된 게 아니고 가벼운 눈이 오랫동안 내리고 쌓이고 다져져서 그렇게 크고 딱딱해진 것이다. 세상은 빙하와 닮았다. 처음엔 가벼웠던 것이 시간이 지나면서 딱딱해지고 확고해진 것이다. 건축도 사회도 그런 거 아닐까? 빙하를 녹여야 한다. 무엇으로 녹일까? 바로 책이다. 책은 얼음 바다를 깨는 도끼다. 카프카도 그런 생각을 한 것 같다. 최문규 연세대학교 건축공학과 교수가 한 말이다.

철학

멘탈의 이종 격투기다. 철학자 김형철의 생각이다.

삶의 중심을 잡아주는 뇌 근육이다. 방향성이 명확하고 가치관이 뚜렷해야 삶이 쉽게 흔들리지 않는다. 근육이 있으면 넘어져도 다치지 않는 것처럼 뇌 근육이 있으면 쉽게 무너지지 않는다. 그래서 고대 그리스 철학자들은 철학을 체조에 비유했다. 반복적인 운동으로 근육을 강화하는 것처럼 도덕적 근육도 공부를 통해 강화해야 한다는 것이다.

스스로 문제를 발견하고 그것을 정리하고 해결하는 능력이다. 생각하는 힘이다. 철학의 역할은 의심이다. 의심하면 질문이 생기고 질문하면 답을 얻게 된다. 근데 사람들은 생각하지 않으려 한다. 인지적 구두쇠다. 가능한 한 생각하지 않으려 한다.

청맹과니

멀쩡히 눈은 있지만 제대로 보지 못하는 사람이다.

청소

남이 떨어뜨린 행운을 줍는 행위. 일본 야구 선수 오타니 쇼헤이의 생각이다.

최고의 경쟁

되도록 경쟁하지 않거나 경쟁을 피하는 것이다. 윤석철 교수는 "가장 앞서 선두 주자가 된 것은 생존경쟁이 치열한 기존의 세계를 떠나 새로운 삶의 세계를 개척한 종이다."라고 얘기한다.

최고의 복지

동료다.

직원의 경쟁력을 강화하는 것이다. 입사 전보다 훨씬 비싼 몸값으로 스카우트가 될 수 있게 만들어주는 것이다. 매일매일 성장할 수 있도록 돕는 곳이다. 성장하지 않으면 안 되게끔 만드는 곳이다.

최고의 선물

내가 가진 최고의 사람을 소개하는 것.

최선

"뇌의 가동률을 극대화하는 것이고 그게 바로 몰입이다. 이는 생존 문제가 걸렸을 때 가능하다. 얼룩말을 쫓는 사자를 보라. 쫓기는 얼룩말이 다른 생각을 할 수 있을까? 불가능하다. 죽기 아니면 살기다. 사자 또한 그렇다. 이 얼룩말을 놓치면 며칠 굶어야 할지 모른다. 이럴 때 자연스럽게 몰입이 일어난다." 황농문의 저서 『몰입』에 나오는 말이다.

최적화

주어진 조건 내에서 가치를 최대화하는 것인데 그 기반은 주어진 조건이다. 근데 최적화의 영어 '옵티멈$_{Optimum}$'은 라틴어로 최선이란 뜻이다. 그냥 열심히 하는 게 최선이 아니라 주어진 조건이나 환경을 따져보고 거기에 맞게 최적화하는 게 최선이란 의미 아닐까? 그런 면에서 최적의 새로움은 기존 아이디어에 약간의 창의성을 첨부하는 것이다.

성공은 모방과 완전히 새로운 무언가의 사이에 있다. 쉽게 성공하기 위해서는 앞선 성공 사례를 모방하는 것이 필수적이지만 지나친 모방은 실패할 수밖에 없다. 너무 완전히 새롭고 창의적인 아이디어는 사람들에게 거부당할 확률이 높다.

추상화

단순화다. 추상화의 본질은 한 가지 특징만을 잡아내는 것이다. 불필요한 부분을 도려내면서 사물의 본질만을 드러내게 하는 과정이다. 단순화는 불필요한 부분과 없어도 되는 부분을 없애고 핵심만 골라내는 작업이다. 로버트 루트번스타인과 미셸 루트번스타인의 공저 『생각의 탄생』에 나오는 이야기다.

추진력 좋은 리더

어떤 사람이 떠오르는가? 불합리를 강요하고, 자기주장이 강하고, 수단과 방법을 가리지 않고 임무를 완수하는 사람을 떠올리지 않았는가? 적어도 차분하고 합리적이고 신사 같은 사람은 아닐 확률이 높다. 실제 얌전하고 내성적인 사람은 추진력이 없을 것이라고 평가받는 경향이 있다. 합리적이고 점잖은 사람이 고위 리더 후보로 추천되면 결정권을 가진 최고경영자나 기업 소유주는 약해 보인다는 이유로 선임을 주저한다. 이는 과거 '빠른 추격자 전략'을 추구하던 시절에 만들어진 추진력 좋은 사람에 대한 왜곡된 인식이다. 만일 이러한 인식이 현재 우리 사회에서 일반적으로 받아들여지는 추진력이 있는 리더에 대한 인식이라면 이젠 그 기준이 바뀌어야 할 때다.

추진력이란 무엇인가? 나는 '목표에 대한 집요함'이라고 생각한다. 외향적인 사람은 추진력이 좋고 내성적인 사람은 추진력이 나쁘다고 말할 수 없다. 과거와 같이 자기주장이 강하고 불합리를 강요하는 리더십이 추진력 판단의 기준이 될 수 없다. 합리적이고 조용한 사람도 목표에 대한 집요함이 있다면 추진력이 강할 수 있다. 포스코 사외이사 유진녕의 말이다.

추천

추천推薦은 밀 추推와 천거할 천薦이 합쳐져 만들어진 말이다. 밀어
서 추천한다는 뜻이다. 자기 이름을 걸었기 때문에 자기가 끝까지
책임지는 것이다. 간단한 문제가 아니다. 제대로 된 추천을 위해서
는 추천하려는 사람이나 제품을 잘 알아야 한다. 정직해야 한다. 장
점은 물론 단점까지 밝혀야 한다.

축산업

동물 길들이기.

출력

안에 있는 무언가를 외부로 끄집어 남에게 설명할 수 있는 것이
다. 일을 잘하는 직장인의 공통점 중 하나는 무언가에 대해 간단히
설명하는 능력이 뛰어나다는 것이다. 아사다 스구루의 저서『한 줄
정리의 힘』에 나오는 내용이다.

충고

내가 이미 내린 결론에 동의를 구하는 일.

측은지심

긍휼矜恤이다. 한자 휼恤은 '마음 심心'과 '피 혈血'이 합쳐져 만들어
졌다. 사람들을 불쌍히 여겨 마음이 피를 흘린다는 말이다. 슬픔을
함께하는 마음이다.

친구

또 다른 나. 가장 좋은 친구는 나 자신이다.

친밀한 관계

당신 본연의 모습을 그대로 보일 수 있는 관계를 말한다. 그래야
편안하다. 쓸데없는 곳에 에너지를 사용하지 않는다.

친일파

한국에서는 매국노를 지칭하나 일본에서는 일본인과 친하게 지내는 사람이다. 염종순의 저서 『일본 관찰 30년』에 나오는 내용이다. 근데 겉으로는 반일을 외치면서 일제 물건을 좋아하고 일본으로 열심히 놀러 가는 사람은 뭐라고 불러야 할까? 겉은 반일 속은 친일? 친일인지 반일인지 모르겠으나 걸핏하면 반일을 무슨 애국인 양 외치는 정치인은 왜 그럴까? 내가 볼 때 그들이 하는 반일 행동은 비즈니스다. 반일을 외치는 것만큼 투자 대비 표가 되는 행동이 없다고 생각하기 때문이다.

그럼 난 어떤 사람일까? 일본에 대한 특별한 감정은 없지만 가깝고 친절하고 깨끗해 놀러 가기에 그만한 나라는 없다고 생각한다. 호기심에 일본어도 공부하고 일본 드라마도 좋아한다. 한자 읽는 재미도 있고 일본 맥주와 과자를 좋아한다. 일본을 우호적으로 생각하고 사이좋게 지내는 사람인데 나 같은 사람은 뭐라고 불러야 할까?

카오스

혼돈을 뜻한다. 하지만 결코 무질서만을 의미하는 혼돈은 아니다. 혼돈이면서도 그 안에서 어떤 질서를 감지하게 하는 무엇인가가 있다는 뜻이다. 카오스는 단순한 혼돈이나 무질서가 아닌 풍요로운 생산성을 지닌 것이다. 즉 질서를 낳는 혼돈이다. 카오스가 중요한 것은 카오스에는 새로운 질서를 생성하는 힘이 있기 때문이다. 김용운의 저서 『카오스의 날갯짓』에 나오는 내용이다.

카피라이팅

고객과 그 물건을 판매하는 사람 사이에 다리를 놓는 행위다. 다리 한쪽 끝에는 광고 문구를 읽는 고객이 있고 반대편 끝에는 카피

라이터와 그가 판매해야 하는 대상이 있다. 카피라이터는 광고 문구를 읽은 사람이 그 다리를 건너와서 판매하려는 물건이나 서비스에 관심을 보이게 만들어야 한다. 톰 올브라이트의 저서 『어떻게 팔지 막막할 때 읽는 카피 책』에 나오는 내용이다.

커리어

자신만의 미션과 목적을 향해 나아가는 여정인데 사람마다 다르다. 성공적인 커리어에 정답은 없다. 성공은 자신이 규정하는 것이다. 커리어의 목적 중 하나는 부인데 부의 본질은 자유다. 자유는 선택할 힘이다. 자신이 원하는 걸 선택할 힘이고 함께하고 싶지 않은 사람과 억지로 일하지 않을 수 있게 하는 힘이다. 먹고 살기 위해 불의와 타협하지 않고 당당함을 선택하게 하는 힘이다. 근데 이 여정의 핵심 중 하나가 연결connecting이다. 이 여정에는 즐거움만 있는 것은 아니다. 비탈도 있고 돌덩이도 똥덩이도 있다. 고민도 고통도 슬픔도 있을 것이다. 그러나 삶의 아름다움은 이 모든 게 연결돼 만들어진다. 단 하나의 경험도 불필요하고 쓸모없는 것이 없다. 신수정 전 KT 부사장의 저서 『커넥팅』에 나오는 말이다.

그렇다면 커리어의 세 가지 규칙은 무엇일까? "네가 사지 않을 것을 팔지 말 것, 존중하고 존경하지 않는 사람 밑에서 일하지 말고 좋아하는 사람하고만 일할 것, 모든 걸 아는 체하는 사람을 멀리할 것"
찰리 멍거가 한 말이다.

커밍아웃 전략

남이 알기 전에 먼저 단점이나 불량을 당당하게 까발리는 것이
다. 자기 약점을 먼저 인정해 버리면 더 이상 비난하지 않을 뿐만 아
니라 오히려 신뢰감을 얻게 된다. 암스테르담에 있는 한스 브링크
호스텔이 대표적 사례다. 이 호스텔은 자신의 단점을 당당하게 커밍
아웃해 명소가 되었다. 이 호스트는 말 그대로 싸구려 호스텔로 객
실에 TV는 물론 거울과 화장대도 없다. 친환경을 위해 난방시설과
엘리베이터를 만들지 않았다고 뻔뻔하게 주장한다. 자칭 세계 최악
의 호스텔이라는 광고에는 입구에 개똥이 있을 수 있으며 객실 문
이 잘 안 잠기니 조심하라는 식으로 단점을 나열하고 있다.

호스텔의 이러한 당당함은 고객들을 통해 널리 퍼져 전 세계 배
낭 여행객들이 꼭 머물고 싶어하는 곳이 되었다. 열거된 단점은 저
렴한 가격이라는 장점으로 바뀌었다. 무엇보다 재미있는 점은 투숙
객에게 불평불만이 싹 사라졌다. 이미 최악의 서비스를 각오하고 투
숙했기 때문이다.

컨설턴트

그럴듯한 얘기를 하지만 사실과 전혀 다른 얘기를 하고 그 사실
이 드러나기 전에 손을 떼는 사람이다.

콘셉트

전체를 아우르고 관통하는 관점이다. 전체를 잡는다는 말이
다. 콘셉트는 가치의 설계도다. 콘셉트는 판단기준이다. 콘셉트
는 일관성이다. 에어비앤비의 콘셉트는 '전 세계 어디든 내 집처럼
BelongAnywhere'이다. 스타벅스는 '제삼의 장소'다. 콘셉트는 아이디어가
아니다. 이탈리아 카페문화를 미국으로 들여온다. 이건 콘셉트가 아
니다. 장사를 하는 이유지만 고객이 돈을 지급하는 이유는 아니다.
제삼의 장소가 콘셉트이다. 콘셉트를 만든 후에는 디테일을 생각한
다. "콘셉트를 제대로 만들면 생산성이 올라간다. 제대로 된 콘셉트
를 만들면 모호한 아이디어도 명확하게 전달할 수 있다. 생산성과
창의성 둘 다를 얻을 수 있다.

큐레이션

미술관 혹은 박물관에서 전시되는 작품을 기획하고 설명해주는

큐레이터에서 파생한 신조어이다. 인터넷에서 원하는 콘텐츠를 수집해 공유하고 가치를 부여해 다른 사람들이 소비할 수 있도록 도와주는 서비스이다. 큐레이터는 '신경 쓰다.' '돌봐준다.'라는 의미의 라틴어 '큐라레curare'에서 나온 말이다. 치료한다는 '큐어cure', 돌본다는 '케어care', 호기심을 뜻하는 '큐리어스curious'와 같은 족보를 가졌다. 예술작품이나 역사 유물을 성직자가 신도를 보듯 또는 의사가 환자를 돌보듯 보살핀다는 뜻으로 변질됐다. 이게 폭발적으로 주목받은 것은 정보의 과잉 때문이다. 짧은 시간에 내게 유익한 정보를 어떻게 찾느냐는 것이다.

크라우드펀딩

신용을 돈으로 만들기 위한 장치이다. 신용이 모든 걸 결정하는 시대이다. 돈 대신 신용을 얻어야 한다. 신용을 가진 자가 현대의 연금술사다. 신용을 얻는 방법은 거짓말을 하지 않는 것이다. 좋은 건 좋다고 하고 맛없는 건 맛없다고 한다. 크라우드펀딩에서 이기기 위해서는 신용을 얻어야 한다. 니시노 아키히로의 저서 『혁명의 팡파르』에 나오는 내용이다.

클래식

클래스Class에서 나온 말이다. 고대 로마 시대 계급을 일컫는 말이 클래스인데 6단계로 나뉜다. 가장 높은 계급을 클라시쿠스Classicus 라고 하는데 클래스는 여기서 유래했다. 클라시쿠스는 군대에 가지 않는 클래스라는 의미다. 로마제국부터 중세까지 농민들은 평소에는 생업을 하고 전시에는 군대에 차출됐다. 가구당 한 명이다. 근데 귀족은 인력을 내놓지 않았고 대신 자기 돈으로 직접 군대를 꾸리거나 용병을 사서 내놓았다. 귀족은 지휘관이 되고 자식은 장교가 되었다. 시간이 지나면서 클래식이란 말은 '가치가 불변하고 영구적이며 체계적으로 정리되어 있고 품위가 있으며 절제되고 모범적'이란 뜻이 됐다. 박종호의 저서 『클래식을 처음 듣는 당신에게』에 나오는 내용이다.

키워드

손잡이다. 손잡이가 있어야 문을 열 수 있다. 키워드가 있으면 전체 내용을 이해하는 데 도움이 된다.

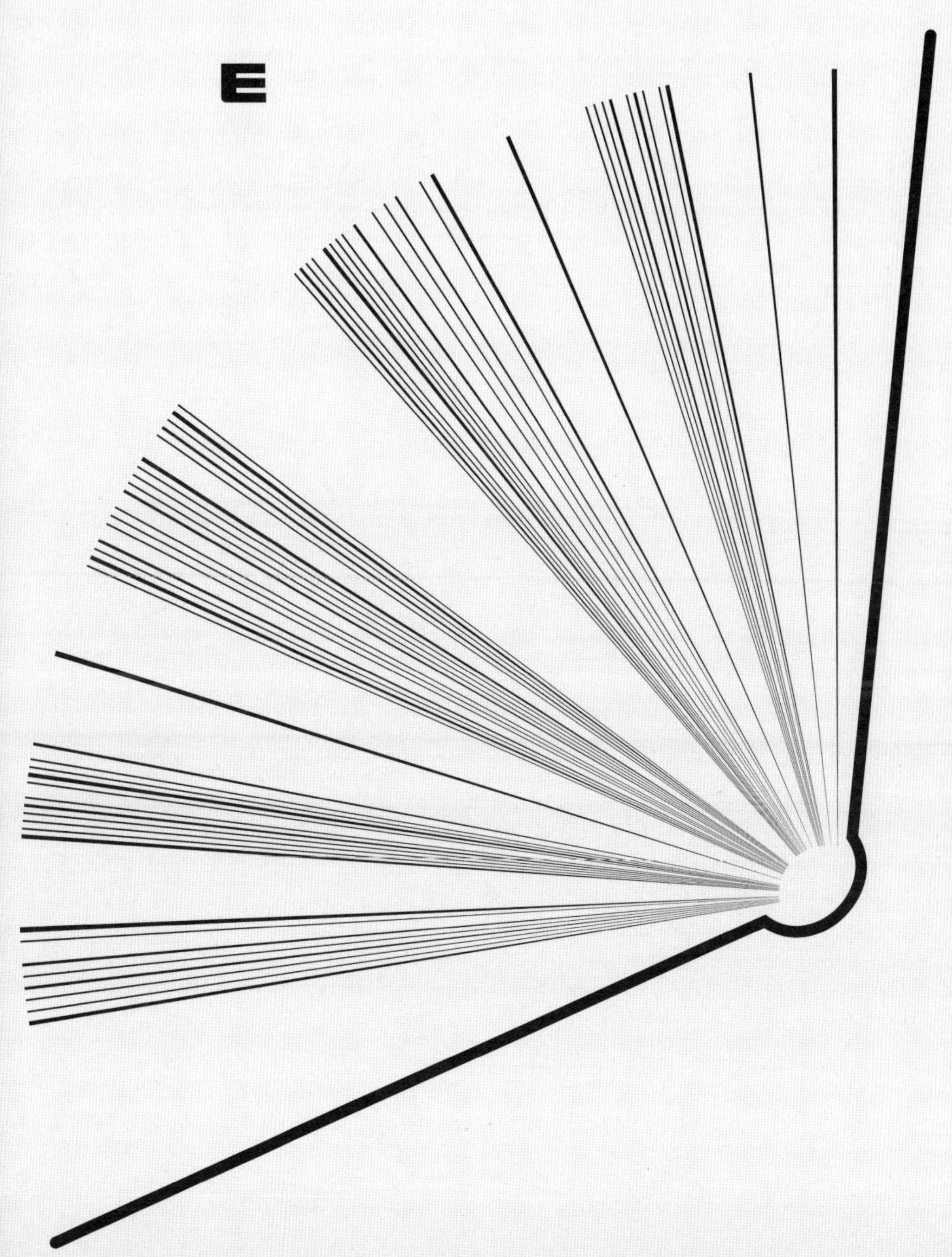
E

태도

겉으로 드러난 마음가짐.

테러

협상력이 약한 조직이 강한 조직에 자기 뜻을 알리기 위한 일종의 소통 수단이다.

테플론 정체성 조작

테플론은 잘 붙지 않는다. 그런 특성 때문에 실험실 등에서 요긴하게 쓰인다. 테플론 정체성은 일과 자신의 삶을 철저히 구분하는 것이다. 일에 별다른 의미를 부여하지 못한다. 돈이나 벌면 되지 그 깟 일에 무슨 의미를 부여하냐는 것이다. 근데 왜 이렇게 생각했을까? 일에서 의미를 찾지 못할 때 그걸 돈으로 보상받으려 한다. 금융위기를 자초한 금융인들이 대표적이다. 그들은 자기 행동이 불법인 걸 모르고 있었을까? 당연히 알았다. 근데 왜 이런 짓을 했을까? 일에서 별 의미를 느끼지 못하니까 돈이라도 왕창 벌자는 심리 때문이다. 이를 위해서는 테플론 코팅처럼 일과 자신을 분리해야 한다. 일터에서 내리는 그들의 의사결정이 자신에게 들러붙지 못하게 했고 덕분에 도덕적 딜레마에도 흔들리지 않았다. 모르텐 알베크의 저서 『삶으로서의 일』에 나오는 내용이다.

토론

누가 옳은지를 가리는 일이 아니라 무엇이 옳은지를 찾는 행위다.

통찰력

다른 사람들과 다른 관점에서 사물을 보고 그 본질을 파악해서 사람들에게 '아하' 하게 만드는 것이다. 통찰의 비결을 묻는다면 축적 후 발산이라고 답할 것이다. 축적에는 시간, 꾸준함, 피드백, 훈련이 필요하다. 신수정 전 KT 부사장의 생각이다.

투명성

공론화다. 왜 그럴까? 모든 부패와 불신과 부조리는 몇몇 사람들이 정보를 독점하고 쉬쉬하는 데서부터 시작된다. 햇볕을 쐬고 바람이 통해야 곰팡이가 피지 않듯이 모든 게 투명하게 드러나야 부패와 불신이 설 땅을 잃게 된다. 누구나 자기에게 도움이 되는 것과 잘한 건 자꾸 얘기하려고 하지만 불리한 것은 감추는 경향이 있다. 따라서 사고 날 가능성이 있는 사안들은 묻혀버리기 십상이다. 그래서 투명하지 않고 공론화가 잘 이뤄지지 않는 조직은 평소에는 잘 가고 있는 것처럼 보이지만 어느 날 갑자기 대형 사고가 터질 개연성이 크다. 불투명의 어두운 그림자 속에 문제 해결의 기회를 묻어놓고 살기 때문이다.

다양한 의견과 여러 관점을 다 검토해볼 수 있다. 이게 가장 중요하다. 공론화는 다른 생각들을 공개적으로 교환하고, 경쟁하고, 수정하고, 융합해 새로운 가치를 만들어낼 수 있는 조건을 제공한다. 이제는 자기 생각을 자신의 머릿속이나 컴퓨터 안에만 넣어놓고 있어서는 안 되며 나 혼자 잘하는 것은 결코 잘하는 게 아닌 세상이다. 곽재선 KG그룹 회장의 생각이다.

투자

"가격이 잘못 매겨진 주식을 찾는 것이다. 가격이 잘못 매겨졌다는 걸 알려면 그만한 지식이 있어야 한다. 그것이 가치투자다." 찰리 멍거의 주장이다. 그렇다면 투자의 핵심은? "수익률 게임이 아니라 위험 관리다. 성공적인 투자의 3분의 2는 실수를 피하는 것이고 3분의 1은 올바른 선택을 하는 것이다. 주식시장은 모욕의 대가다. 자기 능력을 과신하게 했다가 순식간에 다시 빼앗아 사람을 비탄에 빠뜨린다. 모든 수단을 동원해 투자자가 가진 한 푼까지 빼앗는 위험한 야수다." 필립 피셔의 말이다.

사람들은 언제 돈을 잃을까? 자신이 옳다고 생각했는데 그게 틀렸을 때 돈을 잃는다. 근거 없는 자기 확신이 주범이다. 그래서 안다고 생각하는 모든 것에 대해 질문을 던져야 한다. 스스로 독립적으로 사고하는 힘을 기르는 것이 투자의 시작이다. 통념을 데이터로 검증하고 사람들의 실수를 내 기회로 활용해야 한다. 근데 자신에게 질문 던지기는 쉽지 않다. 세상에서 가장 어려운 일이다. 질문을 던져 자기 잘못을 발견하면 수치심과 고통을 느끼기 때문이다. 모두가 아는 일과 상식에 대해서도 질문을 던져야 한다. 한 번만 아니라 결정할 때마다 질문을 던져야 한다. 예를 들어 실업률 증가는 악재일까? 그렇지 않다. 실업률은 후행지표이기 때문에 미래 경제나 시장의 방향을 알려주지 않는다. 오히려 실업률이 가장 낮을 때 경기침

체가 시작된다. 켄 피셔와 라라 호프만스의 공저 『주식시장의 17가지 미신』에 나오는 내용이다.

투지

뭔가 잘 풀리지 않을 때 사용하는 말. 하기는 싫지만 억지로 해야 할 때 스스로 설득하기 위해 하는 말. 일이 잘 풀릴 때나 승리할 때는 쓰지 않는다. 그래서 난 투지라는 단어를 좋아하지 않는다. 가능한 한 투지 같은 건 없이 살고 싶다. 잘하는 일을 하고 그 일이 즐겁고 잘 되면 절대 평생 쓸 일이 없는 말이다.

트렌드

트렌드란 결국 사람의 변화다. 트렌드의 시작과 끝은 사람이다. 사람들의 새로운 취향이 의미 있는 다수를 이룰 때 우리는 그것을 트렌드라 부른다. 트렌드는 경제와 문화를 바꾸고 이는 다시 사람을 바꾼다. 김난도 교수의 저서 『스물하나, 서른아홉』에 나오는 내용이다.

팀 케미스트리

팀의 성과를 끌어올리는 사회적, 생리학적, 감정적 상호작용이다. 이게 있으면 팀은 한없이 잘 나갈 수 있지만 없는 팀은 무얼 해도 안 된다. 누가 필요할까? 쓴소리를 주저하지 않고 할 수 있는 행동대장이 있어야 한다. 윤활유 역할을 하는 사람도 필요하다. 허술하지만 유머 감각이 있는 재치꾼도 필요하다. 남과 다른 얘기를 할 수 있는 건설적 반대자도 도움이 된다. 서로를 묶는 사랑의 호르몬 옥시토신이 필요하다. 농담 문화와 유머는 필수적이다. 추종 세력을 두는 불평분자와 꾀병 부리는 자는 내보내라. 자주 선수들과 통화하고 가족도 만나라. 관심을 가져라. 조앤 라이언의 저서 『팀 케미스트리』에 나오는 내용이다.

II

파고들기

자신이 할 수 있는 다른 모든 일을 무시하고 반드시 해야만 하는 일에만 집중하는 것이다. 자신이 하는 일과 자신이 원하는 일을 연결 짓는 단호한 방식이다. 탁월한 성과는 초점을 얼마나 좁힐 수 있느냐와 밀접하게 연결되어 있다. 게리 켈러와 제이 파파산의 공저 『원씽』에 나오는 내용이다.

판사

법에 기대어 호가호위해야 하는 직업이다. 김용담 전 대법관의 생각이다.

팔방미인

모든 걸 잘하는 것 같지만 사실 제대로 하는 건 없는 사람이다.

한국에서는 다방면으로 재능이 필요한 사람이다. 일본에서는 이 사람이나 저 사람에게 잘 보이려고 소신 없이 처신하는 사람이다. 염종순의 저서 『일본 관찰 30년』에 나오는 내용이다.

펀딩

스타트업 경영자의 가장 큰 고민은 펀딩이다. 펀딩은 생명줄과 같다. 펀딩을 받으면 살고 펀딩을 받지 못하면 죽는다. 근데 펀딩에서 가장 중요한 건 무엇일까? 무엇을 아느냐가 아니라 누구를 아느냐에 달려 있을 때가 많다. 그러므로 인맥을 구축하고 관계를 맺는 데 투자해야 한다. 나는 처음 창업에 나섰을 때 업계 행사에 참석하여 의견을 말하거나 통찰력과 논평을 제공할 기회를 단 한 번도 놓친 적이 없다. 그랬더니 결과적으로 내 영향력이 미치는 범위와 인맥이 확대되었다. 인맥을 쌓는 능력은 투자 기회를 전파하고 후속 조치를 실행하는 능력으로 이어진다.

몇 차례 접촉한 잠재 투자자의 거절에 곧바로 포기해버리는 것은 창업자들이 흔히 하는 실수다. 잠재 투자자가 "시기상조예요."라고 하거나 "충분한 시장수요가 없어요."라는 식으로 거절하는 것은 계속해서 경과를 보고해달라는 이야기나 다름없다. 당신이 잠재 투자자와 접촉했을 때 약속한 바를 실행하고 완수한다면 장담컨대 그 사람은 반드시 당신에게 투자할 것이다. 잠재 투자자에게 당신의 마일스톤과 업적을 빠짐없이 알려라. 알레한드로 크레마데스의 저서 『스타트업 펀딩의 기술』에 나오는 내용이다.

평등한 사회

부가 골고루 나눠진 사회가 아니라 상위 1%의 사람들이 자주 바뀌는 사회가 평등한 사회다. 나심 탈레브의 생각이다.

포샵

나의 진짜 모습이 사라지고 그 자리에 낯선 사람이 들어서는 것.

포퓰리스트

내 편과 남의 편을 가른 다음 나는 국민의 편이고 국민의 대표라고 주장하면서 남을 악마화해서 공격하는 데 능한 사람이다.

폴리매스

다양한 분야에 관심, 지식, 전문성을 갖고 출중한 재능을 발휘한 사람들을 말한다. 단순히 천재를 의미하는 게 아니라 탐구 정신을 발휘해 서로 관련 없어 보이는 분야의 경계를 넘나들며 활약했던 인재를 가리킨다. 레오나르도 다빈치, 코메니우스, 17세기의 라이프니츠, 올리버 색스와 수전 손택 등이 대표적 인물이다. 한 가지만 잘하는 전문가가 아닌 자신의 한계를 규정하지 않고 여러 방면에서 재능을 발휘해 시대를 변화시킨 지식인이자 융합형 인재다. 피터 버크의 저서 『폴리매스』에 나오는 설명이다.

표정

마음을 알리는 신호다. 겉으로 드러난 그 사람의 생각이다. 생각이 겉으로 나타난 것이 표정이다. 그래서 표정이 많은 걸 얘기한다. 표정을 보면 그 사람이 어떤 사람인지 조금은 알 수 있다. 그런 표정이 결국 그 사람의 관상이 되고 인상이 된다. 내가 생각하는 관상은 '그 사람이 자주 짓는 표정의 결과물'이다.

근데 어떤 표정이 좋은 표정일까? 난 편안하고 웃는 표정을 선호한다. 표정 그 자체로 다른 사람을 무장해제 시키는 표정을 갖고 싶다. 전문용어로 '화안시和顔施'라고 한다. 웃는 얼굴만으로 사람들에

게 덕을 베푼다는 말이다. 반대는 인상 쓴 표정이다. 인상을 쓰고 있
다는 건 쓸데없이 온 방에 불을 켜놓고 지내는 것과 같다. 괜한 일에
전기세를 내는 것이다. 인상을 써봤자 본인만 손해란 사실을 정작
당사자만 모르는 것이다.

표준화

산업화의 알파벳이다. 표준화의 아버지 존. H. 홈은 총기 제작자였
다. 정부에서 1,000정의 라이플 주문을 했는데 그는 일의 핵심이 뭔
지 파악했다. 이전에는 수작업으로 장인들이 부품을 다듬었으나 그
걸로는 생산성이 떨어진다고 생각했다. 도구만 있으면 누구나 만들
수 있게 시스템을 갖추고 싶었다. 그래서 게이지와 픽스처가 중요하
다고 생각했다. 그는 총기보다 총기 제작을 위해 60개의 도구를 만
들었다. 특히 삼중으로 체크 시스템을 갖췄다. 작업자용, 관리자용,
마스터용이 그것이다. 처음에는 숙련공의 반발이 컸으나 규모가 커
질수록 표준화가 중요하다고 생각했다. 표준화된 부품은 산업의 알
파벳이다. 이는 시계, 재봉틀, 자전거를 거쳐 자동차로 완성된다.

품격

"내적 아름다움이 꽉 들어찬 사람이다. 솔직히 그런 사람을 많이 못 만나봤다. 내가 생각하는 아름다운 사람은 밝으면서 가볍지 않은 사람이다. 멀리서 보면 위엄이 있고 가까이 보면 천진난만한 사람이다. 어렵지 않은 단어들로 합리적 대화를 이어가는 사람이다. 따뜻하고 기품이 차갑게 서 있는 사람이다." 손흥민의 아버지 손웅정 님의 말이다. "다른 사람을 존중하고 배려하는 사람입니다. 자기 능력과 성취를 과시하지 않으며, 다른 사람의 공로를 인정할 줄 알며, 솔직하고 정직한 태도를 유지하며, 거짓말이나 속임수를 사용하지 않으며, 자기 행동에 책임을 지며, 실수했을 때 이를 인정하고 고치려는 사람입니다. 외모뿐 아니라 정신적으로나 도덕적으로 자신을 잘 관리하며, 어려움이나 불편함을 참아내며, 상황을 차분하게 대처하는 사람입니다." 챗GPT가 말하는 품격 있는 사람의 특징이다.

내가 생각하는 품격 있는 사람의 특징은 다음과 같다. 돈이 되는 일이라도 양심에 거리끼면 하지 않는 것, 모든 걸 다 가지려고 하지 않는 것, 때가 되면 떠나는 것, 부른다고 다 가지 않는 것, 가질 수 있지만 갖지 않고 누릴 수 있지만 다 누리지 않는 것, 할 수 있으나 하지 않고, 살 수 있지만 사지 않는 것, 남들이 다 한다고 나까지 하지는 않는 것. 늘 양보하는 것, 내 앞에 끼어드는 차를 기쁜 마음으로 끼게 해주는 것, 보행자 앞에서 웃으면서 지나가게 하는 것, 약자에게 약하고 강자에게 강한 것, 주제넘게 나서지 않는 것, 나보다 괜찮은 사람을 인정하는 것, 공을 세웠지만 공을 내세우는 대신 남에게 돌리는 것, 모르는 것에 대해서는 침묵하는 것, 내가 가진 것을 과시하지 않는 것 등등이다. 품격 있는 사람이 된다는 건 절대 쉽지 않은 일이다.

프레임

세상을 바라보는 마음의 창이다. 어떤 문제를 보는 관점, 세상을 향한 마인드셋, 세상에 대한 은유, 사람들에 대한 고정관념 등이 프레임의 범주에 속한다. 프레임은 특정한 방향으로 세상을 보도록 이끄는 조력자의 역할을 한다. 또 동시에 우리가 보는 세상을 검열하는 검열관의 역할도 한다. 대상을 있는 그대로 보는 게 아니라 어떤 맥락과 가정하에 본다. 한 마디로 안경을 쓰고 세상을 본다는 것이다. 프레임은 우리가 지각하고 생각하는 과정을 선택적으로 제약하고, 궁극적으로 지각과 생각의 결과를 결정한다. 『프레임』의 저자 최인철 교수의 말이다.

필사

글쓴이의 마음속으로 들어가는 일, 글쓴이가 되어보는 일, 책 내
용을 머릿속에 새기는 일, 뇌에 새기는 문신. 가장 느린 독서 방법.
하지만 가장 적극적인 독서 방법.

하부르타 공부법

서로가 질문을 하면서 새로운 개념을 깨닫는 공부법이다. 원리는 두 가지다. 설명하지 못하는 건 모르는 것이고 가르치는 사람이 더 많이 배운다는 것이다. 책을 읽고 그에 관한 생각을 주고받는 것이 핵심이다. 이를 위해서는 일단 텍스트를 읽고 해석할 수 있어야 한다. 문해력이 필수적이다. 다음에는 이를 자기 언어로 바꿀 수 있어야 한다. 마지막은 상대 얘기를 경청할 수 있어야 한다. 상대 얘기를 들으면서 자기 생각을 다듬을 수 있어야 한다.

하이퍼가미

결혼으로 인한 신분 상승을 의미한다. 보통 자신보다 괜찮은 남

성과 결혼하는 것을 의미한다. 결혼은 가치교환의 시장이다. 상품을 교환하듯 결혼도 개인의 속성과 가치가 교환되는 시장의 속성을 갖는다. 남성의 지위와 여성의 외모가 교환되는 것이다. 인류학자 킹슬리 데이비스의 생각이다.

하품

지루함과 피곤함의 표출이다.

학문

박학심문博學審問의 줄인 말이다. 넓게 배우고 자세히 묻는다는 말이다. 글자 그대로 하면 배우고 묻는다는 말이다. 배우지 않으면 묻지 못하고 묻지 않으면 성장하지 못한다. 배우는 게 먼저다. 사람들이 질문을 꺼리는 이유는 바로 배움이 없기 때문이다.

한

한국에서는 자신의 신세를 한탄하는 의미로 쓰인다. 원한이 아니라 회한 같은 것이다. 일본에서 한은 원한 혹은 앙심과 동의어다. 박

근혜 대통령이 경축사에서 쓴 '천년의 한恨'을 일본어로 번역했을 때 일본인은 원한을 연상했다. 염종순의 저서 『일본 관찰 30년』에 나온 이야기다.

한 마디도 안 진다는 것

그게 바로 지는 것이다. 상대 기분을 상하게 하기 때문이다. 전문 용어로 헛똑똑이라고도 부른다. 사실은 지는 게 이기는 것이다. 쓸데없는 일로 따지지 않고 사소한 일에 목숨 걸지 않는 것이다.

한턱 쏜다

내가 주인공이 되겠다는 뜻이다. 존재감을 드러내는 것이다. 한 턱 쏘는 것의 반대는 상대를 주인공으로 만드는 것이고 핵심은 자기의 존재감을 죽이는 것이다. 고려대학교 허태균 교수의 생각이다.

합리적 사고

"합리적 사고를 위해 내가 주로 쓰는 방법은 뒤집어 생각하기다. 제2차 세계대전 당시 내가 담당한 업무는 조종사의 이륙을 지원하는 일이었다. 나는 문제를 뒤집어 생각했다. 더 많은 조종사를 쉽게 죽이는 방법은 무엇일까? 항공기 날개에 얼음이 덮여 조종 불가능 상태가 되게 하거나 착륙 전 연료가 바닥나게 하는 것이다. 그래서 나는 착빙이나 연료 부족이 절대 발생하지 않도록 했다. 만일 내 업무가 인도를 발전시키는 것이라면 이렇게 생각해야 한다. 인도의 문제를 악화시키려면 어떻게 해야 할까? 쉽게 악화시킬 수 있는 방법을 찾아 반대로 생각하면 된다." 찰리 멍거의 말이다.

항복점

물체가 외부 힘을 받으면 변형이 일어나고 어느 한계를 넘어서면 원래 상태로 돌아오지 못하는 지점이다. 글자 그대로 물체가 항복한다는 의미이다. 인간에게도 항복점이 있다. 어떤 이는 웬만한 스트레스에도 끄떡없는 데 반해 어떤 이는 조그마한 스트레스에도 쉽게 좌절한다. 항복점이 낮으면 부서지기 쉽다. 늘 깨질 만반의 준비를 하는 것이다.

어떤 경우에도 쉽게 부서지지 않는 친구들도 있다. 성공 가능성이 높다. 내가 생각하는 인재는 항복점이 높고 질긴 친구들이다. 한계가 남들과 다르다. 한계에 부딪히더라도 좌절하지 않고 더 나은 모습으로 회복 재기하는 탄력성이 우수한 직원들이다.

행복

인간이 생존하는 데 유리한 행동을 했을 때 느껴지는 것.『행복의 기원』의 저자인 서은국 연세대학교 교수의 설명이다.

자려고 누웠을 때 마음에 걸리는 게 없는 것. 홍진경의 생각이다.

의미와 재미의 결합이다. 탈 벤 샤하르 하버드대학교 교수의 생각이다.

허

가능성$_{potential}$이다. 허虛가 없으면 제구실하지 못한다. 컵이 가득 차 있으면 컵으로서 효용성이 없다. 너무 바쁜 자식이나 남편보다는 시간을 내줄 수 있는 자식이나 배우자가 유효하다.

혁신

예술과 과학의 만남이다. 과학은 이것을 '언제 어떻게 얼마나 싸게 생산할 것인가?' 하는 부분을 맡고 예술은 '자유로운 아이디어' 부분을 맡는다. 혁신은 이 두 가지가 더해질 때 탄생한다. 잉게 툴린 3M 회장의 생각이다.

혁신의 핵심은 익숙한 것을 버리고 자유로워지는 것이다. 목적만

유지하고 나머지는 원점에서 다시 생각하는 것이다. 비결은 밀렵꾼을 경비원으로 채용하는 것이다.

호사다마

호사다마好事多魔는 좋은 일에는 나쁜 일도 같이 온다는 말이다. 좋은 일만 오는 게 아니라 방해되는 일도 함께 온다는 사자성어다. 난이를 다르게 해석한다. '잘 나갈 때 조심하라.'라는 것이다. 별 볼 일 없을 때는 실수할 일이 없다. 실수해도 구설에 오르지 않는다. 그런 사람이 조금 유명해지고 어깨에 힘을 주면 실수할 가능성이 커지고 작은 실수에도 시선이 집중된다.

운동도 그렇다. 운동을 못 하거나 안 하는 사람은 다칠 일이 별로 없다. 운동 중 부상은 운동에 재미를 붙이거나 운동이 잘될 때 일어난다. 신이 나서 무리하거나 과한 동작을 하다 다치는 것이다. 잘 나갈 때 조심해야 한다. 그렇지 않으면 한 방에 훅 갈 수 있다.

호흡

신과 인간을 연결해주는 것이다.

홀가분하다

책임으로부터 자유로워졌다는 것의 다른 표현이다.

화폐

"인간이 고안한 것 중 가장 보편적이고 효율적인 상호신뢰 시스템이다." 유발 하라리의 말이다. 화폐만큼 신뢰를 주는 물건은 없다. 그래서 세상에 믿을 건 현금뿐이란 말을 하는 것 같다.

화합

먼저 손을 내미는 것.

확증편향

보고 싶은 것만 보고 듣고 싶은 것만 듣는 것. 자기 생각과 다른 정보는 아예 원천적으로 봉쇄하는 것이다. 결과물은 자기반성 능력의 상실이다. 무지와 고집불통을 더하면 더 이상의 발전을 기대할 수 없는 꼰대다.

황금보다 중요한 것

지금이다. 즉시현금卽時現今 갱무시절更無時節이란 말이 있다. '지금만
이 할 때이고 그때는 다시 돌아오지 않는 법이다.'라는 뜻인데 임제
스님이 한 말이다. 카르페 디엠과도 같다. 느낌이 오지 않는가?

회개

"회개는 마음이 변하는 게 아니라 생활이 변하는 것이다." 홍정길
목사가 한 말이다.

후회 최소화의 법칙

결정할 때 80세의 내가 지금의 결정을 어떻게 생각할까? 미래의
시점에서 현재를 결정하는 것이다. 죽음의 순간부터 거꾸로 지금을
생각하자는 것이다. 아마존 창업자 제프 베이조스의 생각이다.

훈장

무능한 사람을 빛나게 하려고 할 때 필요한 것이다. 유능한 사람
에게 굳이 훈장을 달아줄 필요가 없다. 프랑스 시인 보들레르의 생

각이다.

훌륭

어원이 홀륜囫圇이다. 흠이 없고 온전한 덩어리를 뜻한다.

희망 사항

사실이 아니지만 사실로 믿고 싶은 것이다.

희생

더 큰 목적이나 사명을 위해 나의 에고를 버리는 것. 나의 돈과 시간과 에너지를 쓰는 것.

그게 정확히 무슨 말인가요?
고수는 정확하게 알고 말하고 하수는 모르면서 말한다!

초판 1쇄 인쇄 2026년 1월 12일
초판 1쇄 발행 2026년 1월 19일

지은이 한근태
펴낸이 안현주

기획 류재운 **편집** 안선영 김재훈 **브랜드마케팅** 이민규 **영업** 안현영
디자인 표지 정태성 본문 장덕종

펴낸곳 클라우드나인 　　**출판등록** 2013년 12월 12일(제2013-101호)
주소 우) 03993 서울시 마포구 월드컵북로 4길 82(동교동) 신흥빌딩 3층
전화 02-332-8939 　**팩스** 02-6008-8938
이메일 c9book@naver.com

값 20,000원
ISBN 979-11-94534-58-7　03320

---

* 잘못 만들어진 책은 구입하신 곳에서 교환해드립니다.
* 이 책의 전부 또는 일부 내용을 재사용하려면 사전에 저작권자와 클라우드나인의 동의를 받아야 합니다.

* 클라우드나인에서는 독자여러분의 원고를 기다리고 있습니다.
  출간을 원하는 분은 원고를 bookmuseum@naver.com으로 보내주세요.

* 클라우드나인은 구름 중 가장 높은 구름인 9번 구름을 뜻합니다. 새들이 깃털로 하늘을 나는 것처럼 인간은
  깃펜으로 쓴 글자에 의해 천상에 오를 것입니다.